AMOR E ÓDIO
UMA HISTÓRIA DE CURA

CURE SUAS MÁGOAS E SEJA FELIZ !

Fernando Vieira Filho

São Paulo, 2012

Copyright © 2012 Fernando Vieira Filho
Todos os direitos reservados. Nenhuma parte deste livro pode ser reproduzida ou transmitida em qualquer forma ou por qualquer meio, eletrônico ou mecânico, incluindo fotocópia, gravação ou qualquer armazenamento de informação, e sistema de cópia, sem permissão escrita do editor.

Direção editorial: Júlia Bárány
Edição, preparação e revisão de texto: Barany Editora
Projeto gráfico e diagramação: Barany Editora
Capa: Lumiar Design

Dados Internacionais de Catalogação na Publicação (CIP)
(Câmara Brasileira do Livro, SP, Brasil)
Vieira Filho, Fernando.
Cure suas mágoas e seja feliz! / Fernando Vieira Filho :
-- São Paulo: Barany Editora, 2012.
ISBN: 978-85-61080-17-4
1. Ficção brasileira. 2. Ressentimento na literatura I. Título
12-07528   CDD - 869.93

Índice para Catálogo Sistemático:
1. Ficcção : Literatura brasileira 869.93

Todos os direitos desta edição reservados
à Barany Editora © 2007
São Paulo - SP - Brasil
contato@baranyeditora.com.br

Livro para Ser Livre
www.baranyeditora.com.br

CONTEÚDO

	PREFÁCIO	9
	INTRODUÇÃO	13
1	KAY SCHOPPEN	15
2	A MONTANHA AZUL	23
3	AMOR E ÓDIO	28
4	CONSCIENTE E SUBCONSCIENTE	35
5	CASO ALBERT	42
6	TERAPIA DO PERDÃO	51
7	CASO HELENE: CÂNCER E ÓDIO	59
8	NÃO - PALAVRA ABENÇOADA	64
9	ÓDIODEPENDÊNCIA: VÍCIO EM ÓDIO	67
10	ECK BARTH	70
11	ÓDIODEPENDENTE: TRATAMENTO	84
12	TERAPIA DO CÓLON	89
13	CASO ASTRID: PSORÍASE E ÓDIO	96
14	A REVELAÇÃO	104
15	O SEGREDO DE SOPHIA	109
16	LEMBRANÇAS	114
17	CASO ALEXANDER	117
18	CASO FREDA: OBESIDADE E ÓDIO	129
19	CASO HELGA: DEPRESSÃO E ÓDIO	141
20	DEPRESSÃO: COMO RECONHECÊ-LA	150

21	OS ANJOS DO HIMALAIA	163
22	QUANDO O ÓDIO LEVA A TRAGÉDIAS	169
23	QUANDO O ABUSO É SILENCIOSO	175
24	O SONHO	183
25	UM DRAMA EM FAMÍLIA	187
26	PERDÃO E RECONCILIAÇÃO	200
27	SÍNDROME DA CULPA EXISTENCIAL	212
28	SONHOS DE AMOR	216
	POSFÁCIO	220

DEDICATÓRIA

Dedico este livro – que foi originalmente uma tese – a toda Humanidade, que por eras incontáveis se agita no "pântano" do subconsciente, subjugada pelos cipoais do Ódio, que são parte da bela árvore do Amor.

Ofereço também à minha esposa Eliana Barbosa, que dedica sua existência a fazer uma diferença positiva na vida das pessoas, com seus livros, palestras, programas de TV e rádio e artigos maravilhosos.

Às minhas filhas Ana Amélia e Anelise e netos queridos Anna Clara e Gabriel, por fazerem parte da minha história, trazendo alegria e esperança à minha vida.

Ao meu sogro Elias Barbosa (falecido em 2011), médico psiquiatra, professor universitário e escritor, que dedicou sua vida à medicina psiquiátrica humanitária e à divulgação da Doutrina Espírita, através de seus livros, artigos e palestras edificantes. Agradeço a ele por ter se disposto a me orientar na tese que, por sugestão dele, se transformou neste livro.

Dedico também esta obra ao meu velho e querido amigo, grande médico humanitário, cientista e empresário, Dr. José de Oliveira Ferreira, que também tenho a honra de tê-lo como orientador e incentivador.

Ofereço e agradeço a todos os meus clientes e amigos que de forma indireta participaram desta obra.

Ao meu caro amigo e irmão de fé Dr. Vitor Carvalho Lara, o meu muito obrigado pelo carinho e pela sensibilidade com que posfaciou este livro.

Minha gratidão à editora Júlia Bárány que acreditou no potencial desse projeto e me desafiou a transformá-lo em uma obra de agradável leitura.

Enfim, dedico a você, amigo leitor, que se dispõe a conhecer meu trabalho, e espero que este livro possa realmente transformar sua vida!

PREFÁCIO

É chegada a hora de conscientizar o ser humano para que ele se liberte da culpa existencial em relação ao ódio, da crença implantada por meio das religiões formalistas, de que odiar é pecado, é imoral.

Lembremos o que disse Freud em seu texto "A pulsão e seus destinos": "(...) o amor e o ódio não raro comparecem juntos, orientados para um mesmo objeto, o que determina a ambivalência afetiva." O psicanalista francês Lacan disse: "(...) não se conhece nenhum amor sem ódio."

Entretanto, é bom lembrarmos que em nosso corpo, o ódio age como um metal pesado, como o chumbo - metal tóxico de efeito cumulativo - , que provoca um envenenamento crônico nas células nervosas. O ódio, com o passar dos anos, mostra seus efeitos deletérios e devastadores no corpo, levando o indivíduo a uma morte sofrida e extenuante, através de doenças autoimunes de longo curso, como câncer, lúpus, depressão, dentre outras, que podem ser consideradas como "suicídio inconsciente". Quando uma pessoa desiste de viver e decide cometer o suicídio, é como se ela estivesse querendo sair da vida pela porta dos fundos. Entretanto, as doenças e males emocionais causados pelo ódio retido no peito podem ser considerados como suicídio inconsciente, ou seja, uma fuga da vida pela porta da frente. Nesse caso, a pessoa, inconscientemente, utiliza a doença para se autopromover a mártir e sair da vida de forma heroica. O importante é que tanto faz sair da vida pela porta dos fundos ou da frente, o fato é um só: suicídio.

Como criaturas de Deus que somos, nossa essência é de amor puro e, quando odiamos alguém, nós não estamos odiando a pessoa em si, mas sim seu comportamento, as atitudes daquele ser humano, que podem ser mudadas, caso ele se decida pela autotransformação. Guarde bem: ninguém muda ninguém, nós só podemos mudar a nós mesmos e isso é uma decisão pessoal. Sendo assim, não precisamos nos sentir culpados e nos autopunirmos por odiar, porque, em verdade, estamos odiando as atitudes, os comportamentos daquelas pessoas que amamos e nos decepcionaram.

Nessa tormenta que é viver com ódio no coração, somente o perdão trará a você o equilíbrio, a harmonia física e mental necessários à sua travessia no "rio da vida". Considero o perdão uma verdadeira ferramenta de intervenção terapêutica e de equilíbrio no relacionamento intra e interpessoal para a promoção, a prevenção e a recuperação da harmonia psicossomática do ser humano de forma holística, ou seja, como um todo.

Este livro é uma ficção em que o personagem Dr. Eck Barth teve sua vida profissional inspirada na nobre figura do médico psiquiatra, professor universitário e escritor Dr. Elias Barbosa (1934-2011), por quem nutro enorme admiração e gratidão.

Dr. Elias deixou um legado extraordinário para os profissionais do comportamento humano – a forma generosa, objetiva e transformadora de atender seus pacientes.

Convivi com meu sogro, Dr. Elias Barbosa, por mais de 30 anos e, através de nossas longas conversas fui absorvendo sua sabedoria e sua peculiar técnica psicoterapêutica caracterizada por resultados rápidos e eficazes.

Esse extraordinário ser humano, dono de uma inteligência brilhante e humildade exemplar, foi um primoroso intelectual que desfrutava as horas vagas na sua grande biblioteca de mais de oito mil livros catalogados, onde também escrevia seus livros e artigos consoladores.

Dr. Elias sempre comentou comigo que deixaria por escrito sua forma de tratamento psiquiátrico e, apesar do gravador Mp3 que dei a ele de presente para começar a gravar suas experiências, um acidente fatal interrompeu seus objetivos.

Assim, aqui está o Dr. Eck Barth trazendo à luz a técnica genial de atendimento do grande psiquiatra brasileiro Dr. Elias Barbosa, que sabia extrair o melhor de cada linha psicoterapêutica já existente no mundo e, com isso, transformar a vida de seus pacientes que, assim como eu, o consideravam carinhosamente como um pai.

Esta obra, então, é minha homenagem ao "mestrão" Elias Barbosa!

INTRODUÇÃO

> *"Odeio e amo. Por quê? Você quer saber? Não sei, mas sinto assim e me atormento."*
> Catulo – poeta romano (87–54 a.C.)

Em minha experiência como psicoterapeuta, tenho lidado com inúmeros casos comoventes de doenças físicas e psicológicas totalmente desencadeadas pelo ódio. Sim, ódio – uma palavra forte, uma verdadeira tormenta existencial! Em vários momentos e ocasiões, o ódio está presente na vida emocional de todos os seres humanos, desarmonizando suas mentes e seus corpos físicos, destruindo suas famílias, promovendo a miséria, a fome e as guerras, enfim, afetando de forma significativa o próprio Planeta, com seu frágil equilíbrio ecológico.

Este livro, uma ficção ambientada na Áustria, traz em sua essência comoventes casos que demonstram a importância de se conscientizar do ódio que guardamos ao longo da vida, para que, através do mágico processo do perdão, possamos nos libertar das misérias e doenças desencadeadas por esse nefasto sentimento.

Você vai conhecer a história de Kai Schoppen, um psicoterapeuta austríaco cheio de conflitos interiores causados pelo ódio à sua mãe que, ao buscar sua própria cura, acabou encontrando um novo rumo para sua vida.

1
Kai Schoppen

> *"Não acredito em coincidências. Todos os eventos de nossas vidas são consequências de intervenções humanas ou divinas em maior ou menor proporção. Há nenhuma fé e pouquíssima inteligência na crença de que tudo é mera obra do acaso."* Berg Brandt

Retornando de seu trabalho em uma bicicleta Görike, Kai Schoppen pensava em seus problemas pessoais, ao mesmo tempo em que escutava as notícias em seu radinho de pilha, que mantinha junto ao ouvido. Os últimos raios de sol tingiam as águas do Danúbio nesta tarde de primavera. Distraído, perde o equilíbrio e cai em um buraco encoberto por folhas espalhadas de um jornal.

Com o cotovelo machucado, Kai levanta-se, cheio de raiva, resmungando alguns impropérios e fala para si mesmo:

– É isso que dá perder meu tempo pensando nas maldades de minha mãe!

O psicoterapeuta endireita sua bicicleta, e pega as folhas do jornal causador do acidente, evitando que outra pessoa caia na mesma armadilha.

Num lance fortuito, Kai vê que é o diário local, *Kronen-Zeitung*, do dia 29 de janeiro de 1977, que traz em uma manchete o nome e a foto de Eck Barth.

Surpreso, lê com atenção a seguinte nota: "O famoso escritor e médico psiquiatra alemão e Prêmio Nobel da Paz, Eck Barth, cujo paradeiro foi desconhecido por anos, está radicado, há algum tempo, numa pequena montanha perto da cidade de Bergkarmel, no estado de Carinthia, ao sul da Áustria. Conta-se que pessoas do mundo inteiro vêm até ele em busca da cura de suas almas."

Nessa hora, Kai nem se lembra mais do tombo. Entusiasmado, dobra a folha do jornal e a guarda no bolso de sua calça.

Algumas horas depois, já deitado em sua cama, Kai Schoppen, lembrando-se do acontecimento da tarde, imaginava o quanto seria importante para sua vida e para sua carreira se conseguisse conhecer pessoalmente o Dr. Eck Barth e, quem sabe até, aprender com ele sua técnica psicoterapêutica tão incomum.

Dedicado profissional, Kai amava a leitura e o estudo, sempre curioso e com um gosto literário eclético. Era grande admirador do enigmático escritor e médico Eck Barth, cujo livro *Engels des Himalaya* (Os Anjos do Himalaia) Kai já havia lido e relido várias vezes. Encantou-se com os monges sensitivos citados no livro que, sob a inspiração e comando de Eck Barth, utilizavam suas habilidades extrassensoriais para encontrar pessoas desaparecidas, trazendo lenitivo e paz para as famílias angustiadas por não saberem o paradeiro de seus entes queridos.

No dia seguinte, Kai Schoppen entrou em contato por telefone com a prefeitura de Bergkarmel, com a intenção de descobrir o endereço do doutor Barth.

Três semanas se passaram desde o dia do acidente com a folha do jornal. Certa manhã, ao sair para o trabalho, Kai encontrou em sua caixa de correio uma carta vinda da prefeitura de Bergkarmel, respondendo ao seu pedido de informações.

Kai ficou sabendo que o Dr. Eck Barth vivia com sua filha na Montanha Azul e que a prefeitura de Bergkarmel não tinha autorização para informar seu endereço. Mas o autor da carta, sensibilizado pelo desejo de Kai, sugeriu que ele enviasse uma correspondência para o armazém de suprimentos, cujo endereço ele forneceu, que abastecia quinzenalmente a moradia dos Barth, porque de alguma forma eles iriam poder encaminhá-la até o Dr. Eck.

Sem demora, Kai escreveu a seguinte carta para o médico:

"Caro Dr. Eck Barth, é uma honra poder falar com o senhor. Sou psicólogo, tenho 37 anos e nasci em Klareswasser, uma típica cidade do vale do Danúbio, aqui na Áustria. Sou filho único de pais operários e, embora eu tenha vivido a vida toda em conflito no relacionamento com minha mãe, cresci idealista e engajado em causas humanitárias, procurando dar sentido à minha própria existência e fazendo a diferença na vida das pessoas, com amor e sabedoria. Aos meus 22 anos de idade, em plena Universidade, tomei conhecimento de seu valoroso trabalho, através do livro de sua autoria Os Anjos do Himalaia, *que me ensinou*

a encarar as pessoas e o meu trabalho como psicoterapeuta com muito mais humanidade e comprometimento.

O motivo desta carta é lhe fazer um ousado pedido, e o senhor tem total liberdade de me dizer 'não', pois irei entender: O senhor poderia me conceder uma entrevista? Diante de tantos casos que atendo, nos quais observo que o ódio desencadeia uma série de sintomas que levam ao sofrimento das emoções, resolvi escrever uma tese a respeito desses dois sentimentos – amor e ódio. Além disso, para mim seria uma verdadeira honra poder conhecer e aprender suas técnicas psicoterápicas.

Agradeço a atenção e peço desculpas pelo tempo que estou lhe tomando.

Forte abraço,
Kai Schoppen"

Kai aguardava uma resposta do Dr. Eck Barth, com ansiedade.

Semanas se passaram e a resposta não chegava.

Em uma tarde em que o sol derretia a neve da noite anterior, Kai atendia uma cliente em seu consultório, quando a sineta da porta tocou com insistência. Ele se desculpou com a cliente e correu para abrir a porta. Deparou-se com o agente do correio segurando uma pequena caixa de madeira em suas mãos.

– Para o Dr. Kai Schoppen – disse com voz estridente o impaciente carteiro.

Kai se identificou, pegou a caixa e agradeceu, não se esquecendo da usual gorjeta.

Quando leu o nome do remetente, rodou nos calcanhares e suspirou de alegria – era ninguém menos que Eck Barth!

Kai conteve a curiosidade e foi terminar sua consulta.

Três horas depois, abriu a caixa com um entusiasmo quase infantil. Dentro tinha um exemplar do bestseller de Eck Barth, *Os Anjos do Himalaia*, com a seguinte dedicatória:

"Caro Sr. Schoppen, que a Paz do Divino Mestre esteja em seu coração. Mesmo sem conhecê-lo pessoalmente, senti enorme simpatia por sua alma. Afinal de contas não é todo dia que encontro um leitor tão fiel e dedicado como você.

Agradeço seu carinho e admiração que sinceramente não mereço.
Sendo você um profissional de minha área, acredito que teremos muito que conversar. Portanto, vou conceder sete dias para sua entrevista, e como resido em uma região afastada da cidade de Bergkarmel, caso não se importe, poderá ficar hospedado em minha casa. Para agendar sua visita, ligue neste número 345-4843 e fale com minha filha Kristin.

Muita Paz e Alegria de seu novo amigo e servidor,
Eck Barth"

Kai, empolgadíssimo com a carta que recebera, somente lamentou não ter com quem comemorar sua alegria:

– Pena que não posso compartilhar meu sucesso com minha família...

Pegou sua agenda e verificou uma data disponível para poder marcar logo sua ida a Bergkarmel. Estava ansioso, afinal Dr. Eck não era mais um jovem. Kai sabia que, em se tratando de pessoas idosas, o tempo é sempre valioso.

No dia seguinte, bem cedo, Kai ligou para o telefone indicado pelo Dr. Eck.

Do outro lado da linha, uma voz feminina, doce e alegre atendeu ao telefone e se identificou como Kristin, filha do Dr. Barth.

Depois de apresentações de parte a parte, ficou agendada a visita de Kai para dali a quinze dias, o que iria dar numa segunda-feira do mês próximo. Prazo suficiente para Kai preparar-se para uma viagem sem atropelos. Dentre as coisas que iria levar, não poderia esquecer seu gravador japonês, *National*, bem como um bom estoque de fitas cassete e pilhas.

Passou o dia todo envolvido em pensamentos de gratidão a Deus, por essa preciosa oportunidade em sua vida. Se pudesse, espalharia aos quatro ventos esse privilégio – entrevistar Dr. Eck Barth – um alemão sábio e bondoso, verdadeiro médico humanitário, professor universitário e escritor, que trabalhou por longos anos em um hospital psiquiátrico na cidade de Berlim. Estudioso profundo de Freud, Jung entre outros, Dr. Eck especializou-se em psiquiatria, combinando em seus atendimentos todas as linhas psicoterapêuticas e analíticas conhecidas. Através do conteúdo do livro do Dr. Eck, Kai já sabia que ele era um homem espiritualizado, admirador da Doutrina Espírita, da qual utilizava seus preceitos filosóficos e científicos em sua própria vida e também em sua clínica psiquiátrica. Em finais da década de 1950, o médico ganhou notoriedade mundial ao receber o Prêmio Nobel da Paz pelo seu trabalho humanitário junto ao povo tibetano, oprimido pelo governo comunista chinês. Dr. Eck, inclusive, fora preso pelo Exército Vermelho Chinês, que subjugou esse pequeno país. Ele foi salvo graças à sua fama e mobilizações de entidades de direitos humanos ligadas às Nações Unidas.

Kai Schoppen queria saber mais sobre o seu anfitrião, afinal seriam sete dias de convivência com quem ele considerava um exemplo a ser seguido. Pensou então que a melhor forma de se informar mais a respeito do Dr. Eck Barth seria na Biblioteca Municipal, onde consultaria os arquivos de microfilmes de jornais e revistas antigos. Queria logo saber mais...

Vestiu seu sobretudo e, quando se preparava para sair, o telefone tocou.

Era a mãe de Kai, com quem ele não falava há anos.

Kai, ao ouvir sua voz, sentiu um calafrio.

Sua mãe, como se nada tivesse acontecido, disse:

– Oi, meu filho, o que você está fazendo agora? Demorou demais para atender!

– Nada, mãe. Estou lendo um livro – disse Kai, impaciente.

– Sinto que você está me escondendo alguma coisa, meu filho. Espero que você não esteja envolvido de novo com alguma aproveitadora...

– Mãe, já lhe falei que não gosto do seu controle.

– Isso não é controle, meu filho, isso é amor, é zelo! – disse a mãe, com convicção.

Kai, não aguentando mais aquela cena que o repugnava, disse que tinha um cliente para atender e despediu-se da mãe, sem mais explicações.

No caminho da biblioteca, a poucos quarteirões de sua casa, Kai tentava, mais uma vez, entender a forma doentia de apego de sua mãe por ele. Isso o incomodava demais!

Mas, agora, Kai tinha coisas mais importantes a fazer do que ficar remoendo essa mágoa que sentia por sua mãe.

Na biblioteca, à medida que lia as informações microfilmadas, Kai anotava tudo – Dr. Eck Barth encarava seu trabalho de médico como um sacerdócio. Quando atendia, considerava cada paciente como um ser humano integral, ou seja, com um corpo e uma alma. Era também um palestrante muito requisitado na comunidade onde residia, com suas memoráveis palestras sobre relacionamento familiar e humano. Generoso, nunca cobrava um centavo sequer por suas conferências, mesmo quando viajava grandes distâncias para proferi-las, ele utilizava seus próprios recursos. Era escritor de artigos em jornais e revistas de grande circulação no continente europeu e os direitos autorais de seu bestseller *Os Anjos do Himalaia*, Dr. Eck doou de forma integral para entidades beneficentes.

Kai, cada vez mais admirado com o seu futuro entrevistado, contava os dias e as horas para a sua viagem a Bergkarmel.

2
A MONTANHA AZUL

"O que rejeitares do momento, eternidade nenhuma o restituirá."
Friedrich Schiller (1759-1805) filósofo e historiador alemão

Para Kai Schoppen, os quinze dias de espera para sua viagem pareceram uma eternidade.

Num entardecer de domingo, Kai chegou à cidade de Bergkarmel em confortável ônibus da rede Bundesbus (ônibus federais que circulam pelo país), depois de mais de dez horas de viagem. Deu algumas voltas a pé no intuito de conhecer a pequena localidade e encontrar uma pensão para passar a noite e partir bem cedo, no dia seguinte, rumo à Montanha Azul, como era chamado o lugar em que o Dr. Eck vivia.

Já instalado e depois de um banho relaxante, Kai resolveu sair para fazer uma breve ceia noturna. Chegou a um pequeno *pub*, tomou sua refeição e resolveu indagar sobre a melhor forma de chegar à casa do Dr. Eck. O dono do estabelecimento foi prestativo e lhe disse que tomasse o ônibus amarelo, porque este o deixaria bem próximo ao sopé da Montanha Azul, mas o advertiu que, chegando lá, teria de seguir a pé até a casa do doutor. Kai agradeceu e foi repousar para acordar bem cedo. Estava ansioso. Demorou a conciliar o sono.

Nas primeiras horas da manhã, Kai acordou cansado, dormira muito mal. Levantou-se rápido, comeu o desjejum e foi em busca do ônibus de cor amarela que o levaria à Montanha Azul.

Tomou o ônibus, que subiu por estradas estreitas e o levou a um lugarejo elevado situado ao sopé da Montanha Azul. Kai desceu junto com um homem de meia-idade. Aproveitando o ensejo, Kai indagou-lhe a direção da casa do médico.

O homem, solícito e sorridente, respondeu:

– Que coincidência! Sou empregado do Dr. Eck Barth! O senhor é o convidado que o Dr. Eck está aguardando?

Kai disse que sim e o gentil serviçal o convidou a segui-lo.

Quinze minutos depois, por volta de meio-dia, sem muito sacrifício, eles chegaram à parte média da montanha e entraram por um jardim.

No alto do portão de ferro fundido, uma tabuleta com a seguinte frase: *"Fé inabalável só é a que pode encarar a razão, face a face, em todas as épocas da Humanidade."*

Kai, curioso, atravessou o portão e, por um caminho cercado de árvores altas e vegetações típicas da região, chegou até a porta da moradia, uma casa de aparência confortável encostada ao paredão da montanha. Havia ali outra inscrição em um pequeno quadro fixo na soleira da porta:

"*Palavras de Paulo de Tarso aos Coríntios:* Ainda que eu falasse todas as línguas dos homens, e mesmo a língua dos anjos, se não tivesse caridade, não seria senão como um bronze sonante, e um címbalo retumbante; e quando eu tivesse o dom de profecia, penetrasse todos os mistérios, e tivesse uma perfeita ciência de todas as coisas; quando tivesse ainda toda a fé possível, até transportar as montanhas, se não tivesse a caridade eu nada seria. E quando tivesse distribuído meus bens para alimentar os pobres, e tivesse entregado meu corpo para ser queimado, se não tivesse caridade, tudo isso não me serviria de nada. A caridade é paciente; é doce e benfazeja; a caridade não é invejosa; não é temerária e precipitada; não se enche de orgulho; não é desdenhosa; não procura seus próprios interesses; não se melindra e não se irrita com nada; não suspeita mal; não se regozija com a injustiça, mas se regozija com a verdade; tudo suporta, tudo crê, tudo espera, tudo sofre. Agora, essas três virtudes: a fé, a esperança e a caridade permanecem; mas, entre elas, a mais excelente é a caridade."

O empregado abriu a porta e o fez passar por um corredor escuro. Ofereceu-lhe uma cadeira junto a uma pequena mesa encostada na parede e pediu que aguardasse. O homem afastou-se pelo corredor. Kai esperou, apreensivo, por um momento ali, naquele ambiente tranquilo, recolhido, envolto num perfume de rosas.

Uma porta lateral se abriu e uma figura de altura mediana, vestindo uma calça preta com uma camisa branca de manga curta, surgiu da penumbra. Era Eck Barth! Kai levantou-se sem poder distingui-lo bem a princípio. Dr. Eck se aproximou com a mão direita estendida e, com um generoso sorriso, cumprimentou Kai:

— Seja bem vindo à minha casa, mestre Kai!

Kai Schoppen, profundamente emocionado com a simplicidade do Dr. Eck, respondeu:

— Mestre, eu? O senhor não imagina como me sinto honrado de estar diante de um verdadeiro mestre!

Dr. Eck o convidou para se encaminharem ao seu escritório.

Só então, quando atravessaram o corredor e entraram numa sala repleta de prateleiras de livros e com vitrôs largos, que Kai pode realmente observar a figura do Dr. Barth. Ele parecia um pai amoroso e nutritivo; de sua pessoa desprendia-se uma aura de bondade, sabedoria e humildade.

O escritório do Dr. Barth era uma verdadeira biblioteca, coberto de estantes que chegavam até o teto, onde havia uma mesa no centro com duas cadeiras aparentemente bastante confortáveis.

Dr. Eck sentou-se dando as costas ao vitrô, por onde o sol brilhava sobre as montanhas alpinas que os cercavam. Kai sentou-se à sua frente, no outro lado da mesa, um tanto quanto desconcertado.

O médico olhou para Kai, e com um jeito simples e alegre, iniciou uma conversa com trivialidades e, meia hora depois, convidou-o para almoçar.

Kai sentiu-se acolhido e à vontade.

Foram para uma sala ampla ao lado. Sentaram-se a uma bonita mesa de madeira, ao lado de uma grande janela de onde se via o paredão da Montanha Azul com belas árvores e arbustos floridos típicos desta região alpina.

Nisso, entrou uma bela mulher, com uma bandeja carregada de comida, com largo sorriso realçado por profundos olhos azuis da cor do céu.

Dr. Eck, sem demora, fez as apresentações:

– Kai Schoppen, essa é a minha filha Kristin, uma exímia pianista e professora de música aqui em nossa cidade.

Ela os saudou, cheia de alegria, serviu-os e sentou-se ao lado de Kai, ele bastante impressionado com a beleza e simpatia daquela mulher.

Almoçaram, e o Dr. Eck convidou Kai para voltarem ao escritório e iniciarem a entrevista.

3
AMOR E ÓDIO

> "*O amor está mais perto do ódio do que a gente geralmente supõe. São o verso e o reverso da mesma moeda de paixão. O oposto do amor não é o ódio, mas a indiferença...*"
> Érico Veríssimo (1905-1975) escritor brasileiro

Instalados de forma confortável, Dr. Barth olhava-o sem dizer uma palavra, com um sorriso suave nos lábios, esperando e deixando que uma paz desconhecida se apoderasse do ambiente.

Kai, sentindo a importância do instante, iniciou a conversa reiterando o motivo que o havia levado a querer entrevistá-lo e aprender seu método psicoterapêutico.

Dr. Eck, com sua modéstia quase exagerada, lhe disse:

– Que isso, mestre Kai, você vai perder tempo com minhas besteiras. Eu não tenho nada para ensinar-lhe.

E com sua típica humildade, Dr. Eck completou:

– Quando li sua carta, mestre Kai, e fiquei sabendo do trabalho que você realiza como psicoterapeuta, senti-me animado a conhecer você e aprender mais um pouco com alguém tão comprometido com essa área do desenvolvimento humano. Interessei-me demais pelo tema de sua tese, abordando o amor e o ódio nos relacionamentos e suas consequências.

– Imagine, Dr. Eck. Eu pensei que o senhor jamais se interessaria em me conhecer... Posso lhe fazer uma pergunta?

– Claro, Kai, sinta-se à vontade – respondeu o médico.

E Kai, cheio de curiosidade, perguntou:

– Dr. Eck, por que o senhor está me chamando de mestre?

Dr. Barth, com uma gostosa risada, respondeu:

– Essa é boa, mestre! Há muitos anos que desenvolvi essa mania de chamar todo mundo de mestre. Sabe por quê? Porque todos nesse mundo t**ê**m algo a nos ensinar. Portanto, mestre Kai, somos todos mestres uns dos outros!

Parecia irreal para Kai estar diante de um homem tão admirado e famoso. Para ele Dr. Eck Barth era como um mito, como se nem tivesse uma idade definida. Segundo lhe informaram, no mês de julho de 1978, Dr. Eck completaria 76 anos; seu sorriso, contudo, era de um jovem.

Depois de conversarem sobre os assuntos a serem abordados na entrevista, Kai pediu licença para abrir sua mala, pegar seu gravador japonês *National* e testá-lo. O aparelho funcionou com perfeição.

Então Kai iniciou:

– Dr. Barth, quero lhe explicar porque escolhi esse tema – Amor e Ódio – para a nossa entrevista. No meu trabalho tenho observado que as pessoas andam carregando muito ódio dentro do peito, e sentem uma dificuldade muito grande em perdoar. Portanto, sugiro que iniciemos essa entrevista falando a respeito do ódio.

O inteligente médico mirou os olhos de Kai, pensou e começou a explicar, com simplicidade:

– Mestre Kai, no meu entender, ao contrário do que a maioria das correntes filosófico-religiosas ocidentais pregam – que amor é divino e ódio é pecado – gerando assim culpas, remorsos e crenças terríveis nas pessoas ao longo de séculos, eu acredito que amor e ódio são "irmãos", um não existe sem o outro, são faces da mesma moeda, vivem lado a lado. A sombra não existiria sem a luz. E o doce, o que seria dele sem o amargo para lhe dar a devida distinção. E assim é o Universo, nos seus contrastes perfeitos, maravilhosamente harmônicos no seu eterno caos.

– Então o senhor acredita que não há ódio sem amor? – perguntou Kai.

– Sim meu caro, acredito que o ódio e o amor são contrapesos um do outro, se um sobe, o outro desce. Funcionam de forma simples assim. Como uma equação matemática simples e perfeita. Nas minhas consultas, os clientes se apresentam a mim com doenças que já estão somatizadas e diagnosticadas, doenças autoimunes como cânceres, lúpus, entre outras, doenças progressivas autodegenerativas, sofrimentos mentais e emocionais de todo tipo. Depois de uma longa conversa com a pessoa, constato que a causa principal de sua doença está no ódio que, via de regra, é uma força destrutiva e desintegradora, e pode levar à privação da qualidade de vida e à morte. Procuro conscientizar meu cliente de que o ódio só existe porque amamos muito. E quando amamos, costumamos esperar demais do ser amado. Dessa forma, o amor cresce bastante e o ódio, que é um contrapeso do amor, diminui muito, mas está lá, pequeno, quieto, sempre atento ao momento em que subirá.

– Isso é incrível, Dr. Eck! Mas e o que faz o ódio subir?

– O ódio volta a subir no momento em que entra em cena a figura esquiva e dúbia da "Madrasta" desses dois irmãos – amor e ódio – a quem eu chamo de "Decepção". E aí, no instante em que ocorre o choque da decepção, em questão de poucos segundos, como num baixar de panos vermelhos no palco de um teatro – em que, num átimo, poderosos contrapesos acionam os cordames e cordoalhas ocultos e os "panos vermelhos" são baixados céleres e precisos –, assim... O amor desce... E sobe o ódio.

– E o amor, doutor, como fica agora?

– Aí, Kai, diante da decepção, é a vez do amor – força unificadora e harmonizadora, que leva vida e felicidade ao ser humano – se tornar o contrapeso do ódio, diminuindo bastante, mas fica lá embaixo, quietinho, cabisbaixo, também atento ao momento em que subirá novamente. Este momento é quando entra em cena a figura do "Pai" muito ponderado, sensato e extremamente inteligente, a quem chamo de "Perdão".

– Dr. Eck, estou impressionado com a clareza dessa analogia. É muito importante que cada pessoa consiga entender isso. Este me parece um conhecimento libertador.

Dr. Eck, satisfeito com a empolgação de Kai, continuou:

– O ideal, no meu entendimento, é a pessoa se conscientizar de que os dois sentimentos são irmãos, andam juntos, e apreciam conviver lado a lado em perfeita harmonia. Quando enaltecemos o nosso amor por alguém, temos que nos lembrar que devemos nos amar mais do que a este alguém para nos prevenirmos da ciumenta "Madrasta" chamada "Decepção". E quando alimentamos o ódio por alguém, devemos nos aconselhar na sabedoria e inteligência do "Pai" chamado "Perdão".

– Eu penso que o mais triste, doutor, é que essa dissociação entre amor e ódio, alimentada pelas religiões formalistas ocidentais, gerou nas pessoas culpas e crenças terríveis, e isso acabou criando distúrbios psicossomáticos que há séculos atormentam a Humanidade – disse Kai, querendo impressionar o seu mestre.

– É realmente lamentável, Kai, mas quando aprendemos a cultivar uma boa convivência entre esses dois sentimentos irmãos: – amor e ódio –, mantemos nosso corpo físico e mental saudável e harmônico, dentro de um equilíbrio dinâmico. Ao passo que, ao nos deixarmos levar pelo exagero – tanto no amor quanto no ódio – nosso corpo físico se ressente e busca na doença uma forma de nos chamar a atenção para que retornemos ao nosso equilíbrio esquecido e busquemos as mudanças necessárias à nossa transformação pessoal.

Kai achou a tese do Dr. Eck surpreendente. O médico deixou claro que este mecanismo de pesos e contrapesos entre amor e ódio funciona de forma absolutamente inconsciente na vida das pessoas e que ele compartilharia com Kai seus inúmeros casos de consultório que tinham o ódio como a causa principal.

Kai checou o gravador e, a pedido do Dr. Eck, o desligou e serviram-se do suco que Kristin havia colocado sobre a mesa de trabalho, enquanto eles estavam conversando.

Dr. Eck, no seu jeito sempre preocupado com o bem estar das pessoas, sugeriu a Kai que parassem a entrevista nesse ponto. Ele explicou:

– Mestre Kai, você fez uma viagem muito cansativa e precisa descansar. Lembre-se que terei ainda mais seis dias à sua disposição. Vamos aproveitar as belezas desse lugar, esse ar puro e frio, fazendo uma caminhada?

Neste ínterim, o telefone tocou. Era um assunto urgente para Dr. Eck resolver.

Sem poder sair para a caminhada com Kai, Dr. Eck solicitou à filha que acompanhasse seu hóspede e ela concordou com indisfarçável alegria.

Kristin, de 35 anos, cabelos loiros presos em coque, era uma mulher atraente e inteligente. Em sua juventude em Bergkarmel, fora noiva de um jovem contabilista, morto em um terrível acidente automobilístico, ocorrido há dez anos em rodovia próxima. Desde então, totalmente abalada por tantas perdas em sua vida, Kristin decidiu dedicar seus dias a auxiliar o pai em sua tarefa literária e de medicina humanitária junto às famílias da região, e dava aulas de piano e flauta numa escola de música em Bergkarmel.

Nessa caminhada pela bela paisagem alpina, Kai e Kristin conversaram sobre suas vidas, e se deliciaram com os presentes que a natureza suave lhes proporcionava. Parecia nascer entre os dois uma forte simpatia e mútua admiração.

O entardecer já mostrava suas intensas cores, quando os dois entraram juntos pela porta da cozinha, assustando o empregado que terminava o preparo da refeição noturna. Seu nome era Guilherme, e foi ele quem serviu de guia para Kai chegar até ali.

Após o jantar, Dr. Eck solicitou a Kristin que tocasse ao piano a peça de Beethoven "Sonata ao Luar". Após a execução da bela música, os três conversaram saboreando um gostoso chá de frutas.

Eram quase onze horas da noite, quando eles foram para seus aposentos fruírem de merecido sono.

Kai, em sua habitual prece noturna, agradeceu a Deus por tudo estar se encaminhando em sua vida.

Já acomodado em sua cama, lembrava-se das conversas que tivera com Dr. Eck e seu jeito especial de ser, mas não conseguia tirar de sua mente o sorriso jovial e os olhos azuis de Kristin, que iriam povoar-lhe os pensamentos, deste dia em diante.

4
CONSCIENTE E SUBCONSCIENTE

> *"Antes de ir dormir, faça um pedido específico à mente subconsciente e prove a si mesmo o poder milagroso que ela possui."*
> Joseph Murphy (1898-1981)

No dia seguinte, após um farto café da manhã servido pela graciosa Kristin, Dr. Eck Barth, aproveitando o forte sol que aplacava um pouco o frio, convidou Kai para gravarem a entrevista em um caramanchão ao lado de sua casa.

Confortavelmente sentados em volta de uma mesa redonda, Kai ligou seu gravador e pediu ao médico que começasse o dia falando sobre a sua visão do nosso inconsciente.

Para falar sobre este assunto, Dr. Eck, com simplicidade e modéstia, referiu-se ao escritor irlandês Joseph Murphy, que escreveu vários livros de ciência aplicada, sendo o mais famoso deles *O Poder do Subconsciente*.

– Neste livro, Kai, Murphy defende que a mente subconsciente, ao aceitar uma ideia, começa imediatamente a colocá-la em prática. Portanto, a única coisa necessária é conseguir que a mente subconsciente aceite a ideia – e a própria lei que rege o subconsciente trará saúde, tranquilidade ou a posição que deseja. Contudo, a mente subconsciente aceita tudo que lhe é impresso, mesmo que seja falso e tratará de provocar os resultados que devem necessariamente seguir-se, porque conscientemente a pessoa aceitou o fato como verdadeiro. Por isso, Joseph Murphy sugere que as pessoas utilizem a autossugestão instantes antes de dormir, quando a mente consciente está passiva e não resistirá à ideia que se queira imprimir à mente subconsciente.

– Muito interessante doutor, já ouvi falar neste autor, mas não tive oportunidade de conhecê-lo.

Nisso, Dr. Eck levantou-se, pediu licença para Kai e entrou em sua casa.

Enquanto esperava Dr. Eck voltar, Kai avistou Kristin no jardim ao lado do caramanchão, colhendo algumas flores. Ela nem percebeu que estava sendo observada.

Dr. Eck voltou carregando nas mãos o icônico livro de Murphy – *O Poder do Subconsciente* –, e sentou-se novamente de frente para Kai.

Mostrou a capa do livro para Kai e disse que iria ler um trecho que ilustraria esse tema sobre o subconsciente.

–Veja o que marquei. Vou ler para você: "*Você possui apenas uma mente, mas sua mente possui duas características distintas. A linha de demarcação entre as duas é bem conhecida por todos os homens e mulheres inteligentes de hoje. As duas funções de sua mente são essencialmente diferentes. Cada uma é dotada de atributos e poderes separados e distintos. A nomenclatura geralmente usada para distinguir as duas funções de sua mente é a seguinte: a mente objetiva e a subjetiva, a mente consciente e a subconsciente, a mente desperta e a adormecida, o ego externo e o ego profundo, a mente voluntária e a mente involuntária, o macho e a fêmea e muitos outros termos. Uma excelente maneira de ficar familiarizado com as duas funções de nossa mente – consciente e subconsciente – é considerá-las, em sua própria mente, como um jardim. Nós somos jardineiros que estão plantando sementes (pensamentos) em nosso subconsciente o dia inteiro, baseado nos nossos pensamentos habituais. Na medida em que semeamos, no subconsciente, teremos colheitas em nosso corpo e ambiente. Comecemos agora mesmo a semear pensamentos de paz, felicidade, boas ações, boa vontade e prosperidade. Pensemos com calma e interesse nessas qualidades e aceitemo-las integralmente em nossa mente consciente. Continuemos a plantar estas maravilhosas sementes (os pensamentos) no jardim de nossa mente e teremos uma bela colheita. A nossa mente subconsciente pode assemelhar-se ao solo em que germinarão todas as espécies de sementes, boas ou más. Podemos colher uvas em espinheiro, ou figos em laranjeira? Cada pensamento é, portanto, uma causa e cada condicionamento, um efeito. Por essa razão, é essencial que tomemos cuidado com nossos pensamentos a fim de ter apenas situações ou condições desejáveis. Quando nossa mente pensa corretamente, quando compreendemos a verdade, quando os pensamentos depositados em nosso subconsciente são construtivos, harmoniosos e pacíficos, o poder mágico do subconsciente responderá com situações harmoniosas, circunstâncias agradáveis, tudo o que há de melhor. Quando começamos a controlar nossos processos de pensamento, podemos aplicar a força do nosso subconsciente a qualquer problema ou dificuldade. Em outras palavras: estaremos na verdade cooperando conscientemente com o poder do Universo que favorece a todos nós. Vivemos num insondável oceano de riquezas infinitas. Nosso subconsciente é muito sensível aos nossos pensamentos. Conforme o que pensamos e acreditamos passamos da pobreza para a abundância, da superstição e ignorância para a sabedoria, da dor para a tranquilidade, da tristeza para a alegria, da escuridão para a luz, da discórdia para a harmonia, do medo para a fé e confiança, do fracasso para o sucesso, libertando-nos do acaso, da lei das probabilidades."*

Kai agradeceu, mas insistiu para que o doutor desse sua opinião pessoal.

Dr. Barth aquiesceu e disse:

– Então, mestre Kai, vou fazer uma analogia da mente com um *iceberg* que flutua solto no oceano: a porção visível dele – aquela que enxergamos flutuando na superfície do mar (que é uma pequena porção do iceberg) – pode ser comparada à mente consciente e não chega a meros cinco por cento do total. Por esta pequena porção, o consciente, podemos exercer o poder de nossa vontade, de nosso livre-arbítrio. Enquanto a porção não visível do iceberg – aquela que está submersa, abaixo da linha d'água (que é a grande, a maior porção do iceberg) – é similar à mente subconsciente, que chega a noventa e cinco por cento do total da mente como um todo. Mas, nesta grande porção – o inconsciente – nossa vontade é inoperante. É nela que as velhas culpas, antigos ódios e amores, nossas crenças positivas e negativas, programações limitantes, e até as doenças prontas a somatizar em nosso corpo físico, estão armazenados.

– É verdade, Dr. Eck. E quanto à nossa capacidade de ganhar dinheiro, prosperar, atingir o sucesso?

– Boa lembrança Kai, vejamos a ação do subconsciente na capacidade de ganhar dinheiro. Uma das causas de muitas pessoas, mundo afora, não terem e não ganharem dinheiro suficiente é estarem constantemente a condená-lo, em silêncio ou abertamente, no seio familiar ou com amigos. Referem-se ao dinheiro como "o vil metal" ou dizem que "o amor ao dinheiro é a causa de todos os males" ou a bem-intencionada mamãe quando diz ao filho: "Menino, dinheiro é sujo, vá lavar suas mãos". Outra razão para não enriquecerem é o fato de possuírem um "camuflado" sentimento inconsciente de que há alguma virtude na pobreza e dizem batendo no peito: "Sou pobre, mas sou honesto".

Kai, intrigado, considerou:

– Mas esse padrão subconsciente pode ser resultado da educação na primeira infância, de superstição ou de crenças religiosas, junto a uma falsa interpretação de livros e escrituras sagradas. O senhor concorda?

– Perfeitamente! Estudos feitos no começo do nosso século por pesquisadores e autores como os americanos, Wallace Wattles, Napoleon Hill, Norman Vincent Peale, entre outros, atestam que quem possui o sentimento de riqueza atrai riqueza; quem possui o sentimento de miséria atrai mais miséria. A riqueza ou a pobreza é uma convicção subconsciente. É como digo, o cérebro é burro, ele acredita naquilo que acreditamos e afirmamos.

– É verdade, doutor, e acho importante citar aqui a visão assertiva do filósofo Arthur Schopenhauer em relação ao dinheiro: *"O dinheiro é a coisa mais importante do mundo. Representa: saúde, força, honra, generosidade e beleza, do mesmo modo que a falta dele representa: doença, fraqueza, desgraça, maldade e fealdade".*

– Isso mesmo, mestre! Nossa mente subconsciente multiplica e amplia o que quer que nela depositemos. Por isso sempre recomendo que, no momento de dormir, é importante "forrar" nossa mente subconsciente com ideias edificantes. Sugiro também que, toda manhã, ao despertar, nós a alimentemos com pensamentos de prosperidade, sucesso, riqueza, saúde, paz e amor ao próximo. E que possamos viver com esses conceitos, ocupar nossa mente com eles com a maior frequência possível. Assim procedendo, esses pensamentos construtivos encontrarão o caminho de nosso subconsciente, atraindo para nossa vida abundância e felicidade.

– O pior, Dr. Eck, que esses conceitos são muito simples, porém bastante difíceis de serem colocados em prática...

– Realmente Kai, é muito simples, como tudo o que é importante nesta vida. É pena que, por ser tão simples, deixamos de lhe dar a devida atenção.

– É verdade, doutor, nossa tendência é dar maior valor às questões complicadas e herméticas e acabamos nos esquecendo de que o Universo é regido por leis muito simples, como a da gravidade, por exemplo.

Feliz com os conceitos que ouvia, Kai perguntou ao Dr. Eck Barth se existiam outros fatores que, de maneira inconsciente, poderiam estar ligados ao ódio, e interferirem na busca da prosperidade e da realização profissional.

Dr. Eck, bastante entusiasmado com a perspicácia de Kai Schoppen, respondeu:

– Sim. Acho importante contar para você uma história de um caso antigo que atendi ainda na Alemanha, antes da última Guerra, que mostra o poder do ódio bloqueando a prosperidade de uma pessoa cheia de talentos. Mas antes, por favor, desligue seu gravador e vamos até a cozinha saborear um delicioso suco de amoras que a Kristin preparou.

5
CASO ALBERT

> *"Tudo é amor. Até o ódio, o qual julga ser a antítese do amor, nada mais é senão o próprio amor que adoeceu gravemente."*
> Chico Xavier (1910-2002) médium brasileiro

Fugindo do vento frio que começava a incomodar, Dr. Eck e Kai resolveram continuar essa conversa no escritório.

– Bem, mestre Kai, você me pediu para falar sobre o ódio e a relação com a prosperidade.

– Sabe, Dr. Eck, penso que essa história pode ser útil até a mim, porque me sinto muito bloqueado tanto em relação à minha vida pessoal, quanto a profissional – falou Kai, constrangido.

– Então vamos lá... – disse o médico, completando: – Preciso lhe dizer que, por uma questão de ética, vou trocar o nome de todos os meus pacientes citados nos casos que eu vier apresentar a você. Portanto, serão nomes fictícios.

Kai assentiu com a cabeça e conferiu, mais uma vez, seu gravador.

Dr. Eck se concentrou e voltou à Berlim de 1935, quando um cliente o procurou com uma forte dor no braço esquerdo. Ele relatou que reumatologistas e ortopedistas o trataram, porém sem nenhum resultado satisfatório.

– Conheci *Herr* Albert numa tarde chuvosa de outubro quando entrou em meu consultório. Albert, um homem alto e simpático, era empresário e ex-executivo de uma empresa de porte médio que cresceu e prosperou sob o comando de seu pai – homem de caráter forte e marcante, um verdadeiro *panzer* (famoso tanque alemão), que há nove anos havia deixado a empresa para se aposentar. Albert me contou que aproximadamente três anos antes perdera seu emprego nesta empresa, por desentendimentos administrativos que tiveram como pivô central seu pai que, mesmo afastado da empresa, tinha grande influência e poder. Embora Albert tivesse uma pequena empresa funcionando paralelamente ao seu trabalho como executivo, essa situação o deixou sem chão. Com dívidas que havia contraído ao longo do ano, ele ficou deprimido e com muita mágoa, isto é, ódio de seu pai, por ser ele o grande causador desse caos em sua vida profissional. Como Albert mesmo disse, seu pai era como um *panzer* que, para atingir seus objetivos pessoais, passava por cima do que fosse preciso, sem medir consequências e sequelas futuras. O tempo passou, mas Albert não se recuperou, perdeu também o cargo executivo e representativo que tinha em entidades classistas ligadas às indústrias que representava em Berlim, o que lhe dava certa relevância e importância social. Com sua autoestima em frangalhos, o relacionamento de Albert com a esposa também ficou abalado. Ele ficou triste, sem sonhos, perdeu a vontade de elaborar suas metas, perdeu sua objetividade na vida, e sua empresa, antes próspera, tornou-se quase figurativa.

– Mas isso foi uma depressão, não foi, Dr. Eck?

– Sim, uma depressão reativa, absolutamente normal nestes casos. E neste ínterim, seu pai, um homem orgulhoso que não aceitava perder, como forma de revanche contra os diretores de sua antiga empresa, resolveu montar uma nova empresa nos moldes da que comandara por trinta anos.

– E o Albert, como ficou nessa história? – questionou Kai, bastante interessado no caso.

Dr. Eck continuou: Albert me contou que, ao saber dos planos do seu pai, sentiu um certo alívio e pensou: *Agora meu pai vai me convidar para trabalhar com ele, afinal, sou o único dos cinco filhos que tem experiência e vasto conhecimento nesta área empresarial.* Mas para nova decepção e tristeza de Albert, seu pai colocou os outros quatro filhos como sócios, que não tinham o menor conhecimento empresarial e muito menos desta área específica. Com isso, o mundo interno de Albert desabou e, é claro, os problemas pessoais e familiares aumentaram. Sem se dar conta, seu ódio pelo pai recrudescera, e Albert, como a maioria dos seres humanos, foi jogando este lixo – o ódio – nos "porões" de seu subconsciente.

– Nossa, Dr. Eck, eu não sei se eu reagiria diferente se passasse por uma situação dessas. Quanto mais próximas são as pessoas que nos magoam, maior é a nossa decepção! Tenho bastante experiência pessoal para falar sobre isso, Dr. Eck – disse Kai, consternado.

Dr. Eck, observando o semblante de Kai, disse, carinhoso:

– Mestre Kai, percebo que você anda carregando ódio também dentro do peito. Isso é lixo! Eu não vou deixar você ir embora antes de falarmos sobre você!

Kai, desconversando, perguntou:

– E Albert, Dr. Eck, tomou alguma decisão importante em sua vida, depois desta decepção?

Dr. Eck com um olhar compreensivo, respondeu:

– Sim Kai, Albert resolveu mudar com sua família para Stuttgart, a pouco mais de 600 km de Berlim. *Quanto mais longe melhor* – pensava ele. O problema é que ele se esqueceu de que o problema estava nele, e não em seu pai ou irmãos. Os meses corriam e nada mudava em sua vida, que continuava se deteriorando, sem projetos, sem objetivos, sem sonhos. Em dado momento em sua existência triste, Albert começou a somatizar uma dor na porção anterior de seu braço esquerdo. E foi aí que eu o conheci. Na sua primeira consulta comigo, após eu ouvir a narrativa de Albert, pude identificar todos os problemas, principalmente o ódio inconsciente pelo pai, que Albert "paradoxalmente" admirava muito. Albert me contou que, morando em Stuttgart, muitas vezes tinha o ímpeto de largar tudo e voltar para Berlim onde moravam seus pais, causando muito sofrimento à sua querida esposa que, devido ao seu trabalho, já estava perfeitamente ambientada nessa bela cidade.

Kai ouvia atento, sem coragem de interromper. Dr. Eck continuou:

– Após detectar a causa do problema de Albert, eu expliquei a ele que esta dor em seu braço esquerdo simbolizava que sua ambição, seu trabalho, o desejo de realização profissional e a vontade de atingir seus ideais do seu jeito, foram, de certa forma, impedidos por alguém que possui alguma ascendência sobre ele, neste caso, seu pai. Assim, Kai, o amor que Albert sente pelo pai diminuiu e o ódio cresceu. Conforme eu já havia explicado a você, amor e ódio são faces da mesma moeda, vivem juntos em harmonia, mas quando a decepção entra na história, esta "sintonia fina" é desfeita e o ódio sobe e o amor desce, até que o perdão entre em cena para restabelecer o equilíbrio.

– Isso é bem revelador, Dr. Eck.

– E o mais interessante, Kai, é que isso tudo ocorre na mais absoluta inconsciência. O que fiz, naquele momento com Albert, foi um trabalho de conscientização, isto é, busquei o seu sentimento de ódio nas profundezas do subconsciente dele – que ele não controla – e joguei para a superfície – o consciente – que ele pode controlar com sua vontade soberana. Entendeu, mestre Kai?

– Sim, entendo sim, Dr. Eck. O próprio Dr. Jung falava que a tarefa inicial de uma terapia é tornar conscientes fatos inconscientes, ou seja, tornar a "sombra" consciente – disse Kai, e perguntou:

– E como Albert reagiu a essa descoberta?

– Não foi fácil para Albert entender que sentir ódio por um pai ou uma mãe é algo absolutamente normal, embora gere muitas culpas nos seres humanos.

– Normal, Dr. Eck? Como assim? O senhor acha natural um filho odiar seu pai ou sua mãe? Agora não estou entendendo... – disse Kai, perplexo.

Com o seu sorriso generoso, e observando o nervosismo de Kai, Dr. Eck explicou:

– Mestre Kai, esse assunto mexe com você, não é? Pois quero que você entenda que pai e mãe são aqueles que mais conviveram conosco e, assim, mais erraram tentando acertar. Eles nos deram aquilo que eles podiam oferecer, nada mais. Não digo somente em relação a bens materiais, mas sobretudo em relação a amor e afetividade. Por isso, embora as pessoas camuflem seus ressentimentos em relação aos pais, é muito comum sentirmos decepções em relação a eles. Errar é humano e o grande problema de não assumirmos nossos ódios em relação aos familiares se deve à culpa que algumas religiões nos impõem. Lembre-se, Kai, somos humanos e quando conseguimos entender e aceitar a humanidade em cada um de nós, tiramos um peso de nossas vidas. Quando, enfim, conseguimos assumir nossos ódios, fica mais fácil trabalharmos o perdão que liberta. Sou bem radical e realista, mestre Kai, por isso sempre digo aos meus clientes: se quisermos viver sem decepções, devemos esperar de qualquer ser humano apenas coices e alfinetadas, porque o que vier de bom será lucro! – disse Dr. Eck, com uma marcante gargalhada.

Kai, não achando graça nenhuma, disse:

– Estou impressionado, Dr. Eck! O senhor é franco demais!

– Mestre Kai, esse é justamente o meu diferencial, porque com os meus clientes eu vou direto ao ponto, mesmo que isso, no começo, cause certo desconforto. Você não imagina como esse "tratamento cavalar", como dizia o mestre Jung, é capaz de gerar resultados tão eficazes, porque promove a conscientização do problema e, naturalmente, a sua solução, evitando aquelas infindáveis sessões que cansam e desapontam os clientes.

Kai Schoppen, preocupado com a fita do gravador, pediu uma pausa ao Dr. Eck, virou a fita e, balançando o gravador, disse:

– O que tenho aqui, Dr. Eck, é um verdadeiro tesouro!

O médico, nada afeito a elogios, foi logo mudando de assunto:

– Vamos voltar ao caso do Albert, mestre Kai. Depois que expliquei a ele que assumir o ódio pelo pai lhe faria bem, ele se sentiu à vontade para colocar para fora tudo o que guardara ao longo de mais de 50 anos de vida. Contou os problemas que passou desde sua adolescência, sempre buscando o bem querer e a aprovação de seu pai, procurando ser um filho exemplar, e constatando que seu pai gostava e se preocupava mesmo era com seus outros irmãos. Ele relatou a mim que seu pai, certa vez, lhe disse: "Você não precisa de mim, você sabe se virar sozinho, você é mais capaz que seus irmãos". Mas Albert queria o amor, a atenção, os cuidados daquele homem forte que ele amava. Ele disse que sempre se decepcionava com o pai – em outras ocasiões também perdeu oportunidades profissionais por causa do posicionamento político de seu pai. Enfim, depois de desabafar, Albert disse para mim: "Dr. Eck, o senhor tem razão! Tenho ódio pelo meu pai e às vezes sinto que ele tem inveja de mim, tem medo que eu o supere de alguma forma."

– Impressionante Dr. Eck. Eu imagino que, devido a essa inveja que o pai sentia por Albert, ele inconscientemente sabotava o sucesso do filho – disse Kai, tentando explicar o que estava aprendendo.

– Isso mesmo, Kai.

Nesse ponto da entrevista, Kristin entrou no escritório e avisou que o almoço ficaria pronto em 15 minutos. Dr. Eck comentou com Kai que ele finalmente conheceria os dotes culinários de sua filha.

E continuou sua conversa:

– Depois que meu cliente conseguiu expor todo o ódio que sentia, eu expliquei a ele que esse ódio pelo pai somente existia porque Albert o amava muito. Saber disso já representava para ele 70% da solução definitiva de seus problemas existenciais. Albert, ainda confuso, me perguntou como faria para arrancar este sentimento que lhe causava tanta dor e sofrimento, e também como equilibraria o amor e o ódio em relação ao pai. De forma direta, respondi a ele: "Albert, agora o trabalho será feito por você. O processo de conscientização já está terminado e o problema chamado 'ódio pelo pai' já está 'boiando' na superfície de seu consciente." Então, propus a ele fazermos um trabalho de consolidação do tratamento e de limpeza. Propus uma técnica chamada de Terapia do Perdão, que aprendi com um professor muito querido, com uma longa estrada percorrida nas lides da medicina da mente.

Dr. Eck, então, levantou-se e convidou Kai para o almoço.

Kristin os esperava na sala de refeições. Assim que eles se sentaram em volta da mesa, a filha do Dr. Eck buscou na cozinha os fumegantes e apetitosos pratos que ela preparara com a ajuda de Guilherme.

Durante o almoço Kristin comentou com o pai sobre uma aluna dela, Astrid, de 28 anos, que estava prestes a largar o curso de piano por causa de uma terrível psoríase que a impedia de conviver com as pessoas, devido ao preconceito.

– É de cortar o coração ver como ela se sente incomodada com essa doença – falou Kristin, com uma vontade imensa de ajudar sua aluna.

Kai Schoppen acompanhava a conversa, encantado com a sensibilidade de Kristin, bem como com a afinidade entre ela e o pai. Pensou um pouco e os interrompeu:

– Kristin, se você quiser, posso ir até sua escola e conversar um pouco com sua aluna. Com experiência do meu trabalho e com tudo que venho aprendendo com seu pai, quem sabe eu posso ajudá-la?

Kristin aceitou na hora, dizendo que ia conversar a respeito com Astrid, e agradeceu a generosidade de Kai, com um sorriso iluminado que ele nunca mais esqueceria.

Dr. Eck observava esse clima de amizade que surgia entre os dois, com muito gosto.

6
TERAPIA DO PERDÃO

> *"Perdoar não significa ignorar o que foi feito ou colar uma etiqueta falsa sobre um ato maldoso. Significa, antes, que essa maldade cesse de ser obstáculo às relações."*
>
> Martin Luther King Jr (1929-1968) pastor e ativista político americano

Após o almoço, Dr. Eck convidou Kai para retornarem ao trabalho. Passaram pela cozinha e tomaram um gostoso *cappuccino*.

De volta ao escritório, Kai checou novamente seu gravador *National* e Dr. Eck perguntou:

— Mestre Kai, onde foi mesmo que paramos?

— O senhor sugeriu a Albert a Terapia do Perdão. Foi aí que paramos para o almoço.

— Ah, Kai, é verdade... Quando falei a ele sobre a Terapia do Perdão, Albert, entre surpreso e curioso me perguntou: "Terapia do Perdão? Mas é só perdoar, tentar esquecer e pronto. Fazer terapia para isso? Está ficando muito complicado..."

Respondi a ele que essa técnica é muito simples e aparentemente muito fácil. Quer aprender também, Kai?

– Claro, Dr. Eck, estou ansioso para saber mais... Acho que vou precisar também...

– Então guarde bem: Você vai separar 21 folhas pautadas; cada folha em média tem trinta e uma pautas, que serão utilizadas para você escrever a seguinte frase: *Eu declaro que me perdoo e perdoo a fulano de tal*. A cada frase faça uma inspiração profunda para que possa enviar esta mensagem ao subconsciente. À medida que for fazendo este exercício, você sentirá uma leveza de alma. Você vai preencher completamente uma folha a cada dia. De preferência à noite, antes de deitar para dormir e durante 21 dias, por isso pedi aquela quantidade de folhas. Ao final deste período, você irá queimá-las, num lugar seguro e, vendo a fumaça subir e se desfazer na imensidão do céu, procure imaginar e sentir o seu ódio se diluindo e indo embora junto com a fumaça dos papéis queimados –. Explicou pacientemente, o médico.

E continuou:

– Albert, bastante interessando nessa técnica, me perguntou então o que ele faria com as cinzas dos papéis queimados. Nessa hora, tive uma ideia: pegar as cinzas e jogá-las no vaso sanitário, dando uma sonora descarga e agradecendo a Deus por estar se livrando daquele lixo.

– Muito forte essa metáfora, Dr. Eck – disse Kai, muito impressionado com a experiência do médico.

– De fato, mestre Kai! Lembrei a Albert também que escrever este tipo de frase, trinta e poucas linhas por dia, não seria uma tarefa tão fácil como escrever, por exemplo: *Eu gosto do Mickey Mouse e detesto o Pato Donald*. Ele provavelmente sentiria náuseas, o braço que usa para escrever poderia endurecer ou doer, a caligrafia dele poderia ficar irreconhecível, ele poderia sentir sensação de sufocamento, etc. Enfim, avisei a Albert que ele talvez experimentasse inúmeros desconfortos, mas que não desistisse, pois tudo isso faz parte do processo quando estamos remexendo a sujeira do ódio. Orientei que quando ele percebesse essas sensações desagradáveis, que procurasse imaginar o pai dele como uma criancinha de apenas um ano, deitada em um berço branco, sorrindo e balançando os bracinhos e perninhas para ele. Isto estimularia em Albert a compaixão, e faria com que sua tarefa de exercitar o perdão ficasse mais amena.

– Nossa, Dr. Eck, mas isso parece nada fácil...

– Exatamente, meu caro Kai, é quase como deixar um vício, perdoar é um processo contínuo, não algo que fazemos apenas uma ou duas vezes.

– É por isso que Jesus dizia, *perdoar não apenas sete vezes, mas setenta vezes sete vezes* – disse Kai, inspirado.

– Sim, isso mesmo. E deixei claro para Albert que esta técnica iria cicatrizar a ferida, mas vez ou outra ela voltaria a sangrar – nos encontros de família, em visitas que faria ao seu pai, alguma palavra que o pai dissesse, assim por diante. Esta terapia é uma ferramenta para qualquer pessoa utilizar sempre que for necessário, a partir do momento em que ela se conscientiza do problema – o ódio! Sempre que o ódio se afastar do equilíbrio com seu "irmão", o amor, é hora de decidir pelo perdão. Ficou doente? Engula as "pílulas" do perdão! Ficou endividado financeiramente? Use o crédito do "banco" do perdão.

– Pois é, Dr. Eck! Então até problemas financeiros têm mesmo a ver com o ódio? Mas como isso funciona nas nossas vidas? – Kai acompanhava cada ensinamento com muita atenção e sua curiosidade só fazia aumentar.

– Verdade, Kai, têm tudo a ver. E expliquei isso também para Albert. Quando temos ódio por alguém ligado à nossa criação – pais, avós ou qualquer outra pessoa que nos criou como pais –, a "roda da prosperidade" não gira de forma contínua e crescente. Para você entender, Albert, a prosperidade é um "tripé" formado pela saúde, dinheiro e uma vida familiar boa e satisfatória. Se você tem ódio pela pessoa responsável pela sua criação, então você não tem uma boa vida financeira. Só de saber do ódio que meu cliente dedicava ao próprio pai, eu já pude deduzir que a vida financeira dele – de Albert – provavelmente estaria como uma "cadeira de balanço" – ia... e vinha..., melhorava... e piorava..., ganhava dinheiro e perdia dinheiro, ou seja, uma vida muito instável, que o deixava inseguro quanto ao futuro. E Albert confirmou tudo! No fundo, meu caro, isso tudo é uma forma inconsciente que ele usava para chamar a atenção do pai. É como se o subconsciente de Albert gritasse: "Olhe, papai, sou seu filho exemplar, estou em dificuldades, me ponha em seu colo, me ame como eu sempre te amei."

Kai acompanhava esse inteligente raciocínio, impressionado com a sabedoria e objetividade do Dr. Eck.

Quando o médico preparava para continuar seu relato, entrou no escritório a figura simples e simpática de Guilherme, que disse:

– Dr. Barth, desculpe-me por interromper, mas eu precisava dar um recado da Srta. Kristin.

Kai, ao ouvir o nome de Kristin, se aprumou na cadeira e prestou atenção no serviçal.

Guilherme continuou, voltando-se para Kai:

– Sr. Schoppen, a Srta. Kristin ligou para pedir ao senhor que reserve algumas horas da tarde de amanhã, porque a aluna dela aceitou conversar com o senhor.

Kai agradeceu o aviso, satisfeito com a oportunidade de colaborar de alguma forma. Feliz também, porque teria a chance de impressionar Kristin, esta mulher doce e decidida que estava mexendo com seus sentimentos.

Foi Dr. Eck quem tirou Kai de seus devaneios:

– Então, mestre Kai, vamos prosseguir, porque amanhã teremos menos tempo.

– Sim, Dr. Eck, é verdade. Paramos no momento em que o senhor falou para Albert sobre as carências afetivas dele.

– Isso mesmo, Kai. Nesse momento, Albert se emocionou e, em voz chorosa, disse para mim que seu pai nunca se preocupou com ele ou com seus mudos apelos. Ele contou que o pai somente se lembrava dele quando era para resolver alguma coisa séria. Ele disse exatamente assim: "para meu pai, eu sempre servi para carregar 'o piano' e meus irmãos para 'escutar a música'. Eu sempre fico com o ônus e eles com o bônus." Sabe Kai, nunca mais me esqueci dessa fala de Albert. Ela me tocou, mas eu não podia alimentar aquele sentimento de autopiedade que dominava meu cliente. – Explicou o médico.

– É Dr. Eck, é tão fácil a gente atolar no "pântano" da autopiedade... Já passei por essa fase em minha vida. Pena que não tive o senhor para me apoiar...

– Mas você agora pode aproveitar a oportunidade. Quero muito conversar com você sobre o que ainda o incomoda. Isso, claro, se você quiser... – disse o carismático Dr. Eck.

– Quero sim, Dr. Eck. Então, vamos acelerar, porque estamos correndo contra o tempo. Ah se eu pudesse passar um ano ao lado do senhor...

– Vamos lá: Para ajudar Albert a combater uma tendência à vitimização, eu disse a ele: "Pare de perder tempo tentando mudar seu pai ou esperando que ele mude por você, porque isso não acontecerá. Alimentar seu ódio ou mágoa só prejudica você. Então, Albert, mude você, seja esperto e inteligente, perdoe e se liberte, seja feliz, deixe sua luz interior brilhar. Perdoar passa a ser mais fácil quando você decidir deixar de acreditar que é uma vítima." Nessa hora, fui um pouco duro. Observei lágrimas de emoção escorrendo pelo rosto de Albert e ele me disse, com a voz embargada: "Quanto tempo eu perdi em minha vida tentando ter o amor de meu pai, ter a aprovação de meu pai, quanto tempo me deixei envolver pelo ódio." E Albert disse mais: que tinha certeza de que daria a volta por cima, pois acreditava que tinha muita vida pela frente. Comprometeu-se comigo a começar, naquele dia mesmo, a Terapia do Perdão, ansioso por sentir-se livre desse peso colossal.

– E assim, Kai, despedi-me de Albert, dizendo a ele que não precisaria mais de mim, porque o que ele precisava mesmo era de perdoar ao seu pai. Expliquei-lhe que uma nova vida começava naquele momento para ele, falei da importância da gratidão a Deus e que se permitisse ser feliz dali pra frente! Quanto ao problema no braço esquerdo, que foi o motivo de Albert me procurar, eu lhe disse que, com esse processo de conscientização das causas, a dor iria diminuir de forma gradual até desaparecer. E o interessante é que quando mencionei a dor no braço, Albert exclamou, entre surpreso e alegre: "Dor no braço...? Até me esqueci dela, Dr. Eck!" e rimos bastante. Na nossa despedida, fiz-lhe uma prescrição, em meu receituário: "Perdoe sempre, quantas vezes forem necessárias. Perdoar não é uma concessão do sentimento; é uma decisão inteligente em sua existência!"

Terminado o relato, Kai entusiasmado conversou com Dr. Eck sobre a somatização das doenças e questionou ao médico sobre problemas mais sérios como o câncer e outras doenças autoimunes.

Dr. Eck Barth, com solicitude, sem expressar ainda nenhum cansaço depois de tanta conversa, respondeu:

– Mestre Kai, em minha experiência com pacientes portadores de câncer, observei que todos tinham grandes conflitos existenciais. E é lamentável que nossa moderna medicina ocidental, quando se defronta com doenças deste tipo, veja apenas os fatores ambientais e genéticos, esquecendo o lado emocional do ser humano.

E continuou:

– Em verdade Kai, para os médicos, é mais fácil jogar a culpa da doença na hereditariedade ou na exposição às substâncias ou alimentos ditos cancerígenos. Posso afirmar, por experiência própria, que existem muitos indivíduos que possuem história de câncer na família e hábitos que predispõem ao câncer, como tabagismo, etc., mas por terem uma mente harmoniosa e equilibrada, não fazem a doença. Por isso, Kai, nós, como terapeutas, precisamos alertar e aumentar a capacidade de autocrítica do paciente, para ele rever sua vida e fazer as mudanças necessárias. No meu entender, as doenças aparecem na vida das pessoas para fazê-las mudarem de rumo, para mostrar seus conflitos interiores, para fazê-las buscar de volta sua integridade e, enfim, para perdoarem, equilibrando, assim, o amor e o ódio.

Kai estava encantado com a simplicidade de seu entrevistado.

Dr. Eck, com a intenção de dar uma pausa na entrevista, convidou Kai para um lanche na cozinha:

– Vamos tomar um café, porque na volta quero lhe relatar um caso de uma cliente chamada Helene, que passou por um câncer no colo do útero.

Guilherme parecia que já os esperava, porque tinha nas mãos uma bandeja contendo um fumegante e cheiroso café. Nela estavam um bule de prata com duas xícaras de porcelana artisticamente trabalhadas e um prato com os deliciosos *Zimtsternes* (biscoitos alemães de amêndoas com suspiro). Guilherme os serviu e saiu para outros afazeres.

Dr. Eck, bem humorado, disse: – Sabe Kai, o café e os biscoitos – cafeína e a glicose – são para alimentar nosso cérebro, porque pode até não parecer, mas este nosso trabalho consome muita energia.

Os dois homens riram e, após saborearem os delicados biscoitos, a convite do Dr. Eck, foram dar uma pequena volta pelo jardim, respirando o ar puro daquela bela região alpina.

7
CASO HELENE: CÂNCER E ÓDIO

> *"Eu decidi ficar com o amor. Ódio é um fardo muito grande para suportar!"* Martin Luther King Jr (1929-1968)
> pastor e ativista político americano

Quinze minutos depois, já descansados, os dois voltaram para o escritório.

Sem muita pressa, Dr. Eck, começou o relato do interessante caso de Helene:

— Em 1940, quando fui voluntário no Hospital Charité de Berlim, escolhi prestar meus serviços na ala oncológica feminina deste hospital. Ao longo dos anos, nas entrevistas e pesquisas que fiz, constatei que 99% das pacientes em tratamento de câncer naquela ala do hospital tinham mágoas doloridas. A palavra "mágoa", a meu ver, é uma forma que as pessoas têm para camuflar o "ódio" que sentem por aqueles a quem dedicaram muito amor e que as decepcionaram — maridos, filhos ou pais.

– Concordo Dr. Eck!

– Numa noite quente, em meados de julho, eu estava de plantão na enfermaria do quinto andar daquele edifício, quando conheci uma senhora chamada Helene. Com exatos 63 anos, Helene era uma mulher madura de tez suave e branca, traços finos e regulares que deixavam entrever a beleza de sua passada juventude. Muito simpática e falante, estava internada há cinco dias para tratamento radioterápico. Seu diagnóstico: câncer de colo de útero. Aproximei-me, como sempre fazia, de forma amigável, e me apresentei. Depois de alguns minutos de uma conversa trivial, perguntei a Helene pelo seu marido e filhos. Em rápidos segundos, ela me respondeu com chispas de ódio que saltavam de seus olhos e lhe corroíam o ser: "Meu marido é um canalha, doutor, tem outra mulher e nunca veio me visitar." E com uma voz camuflada e soturna, ela continuou: "Meus filhos são bons... chegam aqui para me visitar, mas não ficam mais do que uns dez minutos, sempre dizem que têm alguma coisa por fazer." Vendo seu olhar perdido em algum horizonte invisível, senti compaixão por aquela mulher, imersa em seu ódio que a envenenava de tal forma que, com certeza, a radioterapia nenhum efeito terapêutico fazia em seu tumor que, ao contrário, segundo o que li em seu prontuário, se desenvolvia muito rápido. Em dado momento, perguntei-lhe porque não perdoava o marido, e Helene me respondeu, com raiva no olhar: "Ele não merece o meu perdão. Você acha que vou dar a ele esse prêmio por sua infidelidade e falta de respeito?" E eu, já acostumado a ouvir esses argumentos, expliquei que o perdão seria para ela se libertar daquela dor em sua vida. Assim, ela conseguiria potencializar o tratamento médico e fazer o câncer caminhar para a remissão, da mesma forma que ela o fez aparecer justamente em seu útero – o órgão que a mulher oferece ao marido para ser a mãe de seus filhos. E ainda fiz um alerta a Helene: "Seu marido não está nem um pouco preocupado com sua doença, aliás, com certeza, ele ficará muito satisfeito com sua morte prematura, pois assim sendo, não vai se preocupar com separação, divórcio, partilha de bens, advogados e outras coisas desagradáveis que acompanham o fim de um casamento."

– Que franqueza, Dr. Eck!

– Sim, Kai, esse é o meu tratamento de choque. Helene me olhava o tempo todo, entre surpresa e melancólica. E eu continuei a alertá-la explicando que ódio e amor andam juntos e, quando o amor encontra a decepção, o ódio cresce e envolve a mente de tal maneira que a pessoa perde o controle e procura formas e meios para atingir o alvo de seu ódio. Alguns ameaçam, tentam o suicídio, e esta é uma forma consciente e covarde de agir. Mas os meios mais comuns de tentar atingir estes mesmos objetivos têm como "pano de fundo" a sedutora e perigosa autopiedade, através de doenças e até acidentes que levam a uma incapacitação temporária ou permanente. De forma inconsciente, as doenças se desenvolvem e acidentes acontecem ao nosso corpo sob o expresso e frio comando de nossa mente. E continuei dizendo a ela com alegria e uma ponta de malícia: "Mestra Helene, se você quer atingir seu marido de verdade e com eficácia, fique viva! Isso mesmo, não se deixe morrer, queira viver! Perdoe! Não para aliviá-lo de seu erro, mas por você mesma, para aliviar sua alma. Você não merece tê--lo presente em seu campo mental a todo instante." Então, eu disse-lhe que permitisse que aquele tratamento médico fizesse seu trabalho benéfico em seu corpo e que ela agradecesse a Deus pela oportunidade de estar naquele hospital tão moderno. Expliquei-lhe que era possível solicitar à sua mente – poderosa e obediente – que restringisse cada vez mais a célula tumoral que, descontrolada, perturbava a harmonia do seu corpo. E se ela quisesse se libertar mais rápido ainda de todo esse peso que carregava, sugeri que providenciasse um bom advogado para iniciar o processo de seu divórcio.

– E Helene, como reagiu diante de tanta franqueza? – perguntou Kai, profundamente admirado com a objetividade do Dr. Eck.

– Helene não conseguia emitir uma palavra, mas seus olhos brilhavam. E eu continuei com os meus conselhos: "Todos os dias ao acordar, dirija seu olhar para um espelho mais próximo, e comece, com prazer, a se apaixonar pela pessoa mais importante de sua vida: Você!" Ela me olhou, com surpresa e descrença, mas não me intimidei: "Isso mesmo, mestra Helene, você! Aliás, minha cara, quem é que tem estado com você neste leito de enfermaria o tempo todo? Você com você!"

– Grande verdade, Dr. Eck!

– Como eu tinha que atender a outras pessoas no hospital, despedi-me dela, e escrevi no meu receituário uma "prescrição médica" que dizia: "Diga 'Não'! Tomar este 'medicamento' o quanto quiser e quantas vezes ao dia forem necessárias." Helene, sem entender se era brincadeira ou não, perguntou a mim: "Dizer 'não', doutor Eck?" E eu, bem humorado, olhando firme nos olhos de Helene, respondi: "Isso mesmo, mestra Helene, se você soubesse falar 'não', hoje não estaria aqui comigo nesta enfermaria de hospital. Muito provavelmente, você estaria rodeada de filhos solícitos e reconhecidos e um marido amoroso e fiel." Ela, espantadíssima, exclamou: "Como é que é?" Infelizmente, eu não pude continuar nossa conversa naquele dia, porque uma voz feminina metálica e desagradável soou no alto-falante do corredor do hospital, me convocando para atender uma emergência no setor psiquiátrico. Apenas disse a Helene: "Uma coisa de cada vez! Por hoje, pense apenas no que eu lhe disse sobre ódio e perdão." Despedi-me, desejando-lhe melhoras.

Intrigado, Kai quis saber do médico sobre a importância da palavra "não".

Então, Dr. Barth olhando firme nos olhos de Kai, perguntou:

– Kai você sabe dizer "não" às pessoas que ama?

Desconcertado, Kai respondeu que não conseguia e que muitas vezes sofria por isso.

Dr. Eck sorriu, levantou-se e dirigiu-se até sua eletrola Grunding e colocou um LP da Orquestra Filarmônica de Berlim, regida pelo inesquecível Herbert Von Karajan, e uma bela música de Pachelbel soou magistral pela sala.

8
NÃO - PALAVRA ABENÇOADA

> "Dependendo do grau de submissão que sentimos em relação à opinião dos outros sobre nós mesmos, percebemos maior ou menor dificuldade em dizer **não**. Às vezes essa dificuldade é consequência do medo de parecermos egoístas, grosseiros, chatos, difíceis de lidar ou coisas assim. É fundamental para nosso bem-estar e para nosso senso de liberdade sabermos dizer **não** ou, caso contrário, podemos arriscar boa parte de nossa felicidade (e até da felicidade de nossos familiares) em função do outro."
> Geraldo José Ballone, médico psiquiatra e co-autor do livro
> *Da Emoção à Lesão – Um Guia de Medicina Psicossomática*

Ao som da bela música, Dr. Eck voltou para sua poltrona e disse a Kai que falaria sobre o "não" e depois concluiria o caso Helene.

– Vou falar sobre esta palavra tão importante e tão pouco usada de forma assertiva pelas pessoas, ou por medo de desagradar, ou por medo de não serem aceitas pelos seus pares. O dizer "não" tem uma importância fundamental na vida humana. Quando alguém lhe solicita algo e você diz "sim" querendo, do fundo do coração, dizer "não", isso acontece porque você tem medo de magoar esse alguém, ou por hábitos de criação, educação, crenças ou porque quer parecer bonzinho. Neste momento, quando você deixa de ser sincero consigo próprio, traindo sua vontade, está causando um grande dano à pessoa mais importante de sua vida: Você! Isso mesmo! Você se automagoa e deixa uma mensagem subliminar para seu interlocutor de que você não se valoriza e que, por isso, os outros podem abusar de você o quanto quiserem. E o tempo passa e você reclama da vida, que ninguém lhe dá o devido valor... É claro que não vão dar, pois você mesmo não se dá valor, não sabe ou não aprendeu a dizer "não" quando for não e "sim" quando for sim.

– Isso é muito forte e difícil de praticar, Dr. Eck – disse Kai, bastante interessado porque sabia que precisava desse aprendizado em sua vida.

Dr. Eck, continuou seu raciocínio:

– À atitude de saber dizer "não", sem se sentir culpado por isto, chamamos de assertividade, palavra que tem sua origem no vocábulo – *assero* – que significa afirmar. A assertividade é a arte de defender o nosso espaço vital, sem recuar e sem agredir a ninguém. Ser assertivo significa falar o que se pensa ou sente, para a pessoa certa, de forma apropriada, no momento oportuno e sem agredir o outro. Para muitos, falar o que se pensa ou sente pode ser um problema muito sério, não só pelo medo das consequências, como também pela habilidade necessária para dizer o que se pensa. E nem sempre é fácil ser assertivo. A pessoa assertiva aprendeu, em sua história de vida, que seus pensamentos e sentimentos são válidos e podem ser expressos e divididos com outras pessoas. Elas respeitam a si próprias, e respeitam o outro com naturalidade. São empáticas com os sentimentos dos outros e podem fazer críticas ou reprovações de uma forma natural, sem agredir. Enfim, Kai, a assertividade envolve, igualmente, o saber expressar opiniões e sentimentos positivos.

– Sim, Dr. Eck, mas a maioria dos seres humanos que habita este planeta não sabe ser assertiva.

– Exatamente, mestre Kai. A assertividade é uma das grandes responsáveis pelo equilíbrio entre os dois "irmãos" – amor e ódio. Imagine Kai, quantas decepções, traições, consumo de drogas, desvios sexuais, casamentos infelizes, crimes de toda ordem poderiam ser evitados, se as pessoas soubessem dizer um "não" bem assertivo, em determinado momento de suas vidas.

Kai, muito envolvido com este assunto, completou:

– Assim como guerras também poderiam ter sido evitadas por um "não" coletivo...

– Isso mesmo, Kai. Veja o que aconteceu na Alemanha, na década de 1930, quando o povo alemão perdeu a oportunidade de dizer "não" a Hitler. E assim, com o consentimento coletivo, Hitler levou nossa pátria a uma guerra desnecessária, que devastou nosso país, a Europa e envolveu todo o nosso planeta por quase seis anos. Tudo porque uma coletividade nacional não soube ser assertiva com um político insinuante, ódiodependente e muito carismático.

Kai, com uma curiosidade científica, pediu ao doutor que explicasse o termo "ódiodependente", pois ele o achou sensacional.

9
ÓDIODEPENDÊNCIA: VÍCIO EM ÓDIO

> *"Odiar é punir a si mesmo."*
> Hosea Ballou (1771-1852) escritor americano

Dr. Eck com seu jeito simples e objetivo explicou:

— Sim, Kai, é importante em seu estudo que abordemos a questão que chamo de "odiodependência". O homem, de forma geral, combate a droga por ser danosa à sua saúde física e mental. Vou colocar o ódio no mesmo patamar de uma droga potencialmente nociva e destruidora. Assim como a droga, o ódio também vicia, causa a dependência psicológica que é caracterizada por um estado mental da necessidade de ressentir determinadas sensações. No início da década de 1930, Freud já deixava bem claro a importância do ódio nos desequilíbrios do ser humano, tanto mentais quanto físicos. Hoje sabemos que a pessoa que muito odeia é porque tem muito amor "ressentido", machucado, pisado ou humilhado. A "overdose" de ódio também pode matar a si mesmo (depressão, câncer, infecções, doenças autoimunes, acidentes automobilísticos, paradas cardíacas e respiratórias, ou o próprio suicídio) e aos outros (assassinatos, latrocínios etc.). A compulsão para odiar, assim como a compulsão para usar drogas, caracteriza-se por um estado de obsessividade e submissão que escraviza a vontade e submete o desejo da pessoa. Em determinados indivíduos, a compulsão para odiar é mais forte que o seu desejo de amar, perdoar e até viver, comandando sua vontade e seu corpo. O pensamento do viciado em ódio e suas expectativas se fixam principalmente, numa forma de odiar mais, de se apegar ao objeto de seu ódio e achar uma maneira de espalhar esse sentimento negativo à sua volta. Assim, o ódiodependente afunda-se mais e mais no "pântano" da autopiedade, podendo entrar num estado agudo de depressão capaz de conduzi-lo, consciente ou inconscientemente, à autoeliminação, o suicídio. Nesta fase, o ódio já ocupa um lugar central na vida da pessoa.

— Mas isso é um drama terrível, Dr. Eck! — disse Kai, querendo absorver cada palavra.

O médico, sabendo da importância desses ensinamentos, prosseguiu:

— Correto, Kai. A personalidade odiosa, frustrada, distorcida e deformada está fora de sintonia com o Universo. A pessoa inveja os que têm paz, os que são felizes, generosos e alegres. Geralmente critica, condena e difama aqueles que lhe demonstraram generosidade, bondade e compaixão. Assume a seguinte atitude: "Por que ele deve ser tão feliz se eu sou tão desgraçado?" Assim, é alguém que deseja atrair os outros para seu próprio padrão de vida, porque seu infortúnio necessita de companhia.

Kai perguntou ao Dr. Eck sobre como tratar o ódiodependente.

O médico, escutando de longe a conversa de Kristin com Guilherme, percebeu que a hora do jantar se aproximava. Então, disse:

– Mestre Kai, vamos parar por hoje. Esses temas que abordamos nessa tarde foram muito pesados e precisamos descansar um pouco. Amanhã, falaremos sobre o tratamento da "ódiodependência".

Neste momento, Guilherme assomou à porta, convocando-os ao jantar. Foram para a ampla sala de refeições e sentaram-se em torno da rústica mesa, onde a refeição foi servida. Da cozinha, vinha um cheiro de canela do delicioso *Apfelstrudel* (strudel de maçã) preparado para a sobremesa, que trouxe a todos suaves lembranças.

10
ECK BARTH

> *"Na verdade, não existe história, apenas biografia."*
> Ralph Waldo Emerson (1803-1882) escritor e filósofo americano

Aproveitando a tranquilidade do ambiente, Kai, bastante à vontade e confiante, resolveu perguntar ao seu entrevistado:

– Dr. Eck, todos os comentários na imprensa a seu respeito dizem que o senhor é avesso à notoriedade, é muito reservado. O que foi, realmente, que o fez aceitar essa minha proposta para a entrevista?

– Mestre Kai, além de ter certeza de que eu iria aprender com você – disse o médico com humildade –, sempre desejei ensinar minhas técnicas terapêuticas a outro profissional. E você, desde que li sua carta, me pareceu a pessoa ideal para isso. Porque, como eu e você sabemos..., ninguém vive para sempre.

– Mas por que o senhor está falando isso, Dr. Eck?

Kristin, nesse momento, olhou com extremo carinho para seu pai, deixando entrever um sentimento de preocupação.

O médico entendeu o olhar da filha, e resolveu explicar melhor:

– Numa manhã fria de março de 1975, eu e Kristin estávamos em Bergkarmel a caminho do banco quando, ao descer de meu automóvel, me senti desfalecer sem qualquer possibilidade de controle. Quando recobrei minha consciência, eu estava em um leito do hospital local, e fiquei a par da situação por um colega médico. Através de exames, ficou constatada uma grave arritmia supraventricular que, eu sei, mais cedo ou mais tarde, me trará uma morte súbita.

Kai, mais uma vez, impressionava-se com a franqueza crua do médico, até consigo mesmo.

Dr. Eck prosseguiu:

– Assim, fui para Viena com minha filha, para uma série de exames médicos mais acurados. Colegas especialistas confirmaram a cardiopatia, comecei o tratamento – que é para o resto de minha vida – com medicamentos que interferem na coagulação sanguínea e me causam grande desconforto físico, dentre alguns, o que mais me deixa triste é não poder fazer minhas longas caminhadas. Graças à minha crença e convicção espírita, o morrer não me assusta. O que me entristece é deixar perder o legado do meu trabalho no campo da saúde mental. Não que ele seja extraordinário, ele é simplesmente humano, cheio de compaixão. Quando li sua carta, me solicitando uma entrevista, vislumbrei, ali, uma oportunidade de eternizar minha história que, por mais simples que seja, poderá servir de inspiração para outros profissionais da minha área. Pois então, vou começar pela minha infância.

Kristin segurou a mão de seu pai, como se quisesse passar para ele uma energia amorosa e compreensiva.

O médico aproximou-se da filha e lhe beijou o rosto, agradecido.

Kai, por sua vez, disse:

— Dr. Eck, Kristin, peço licença a vocês. Vou ao escritório buscar o gravador. Não posso perder essa história...

O médico e sua filha sorriram e ficaram aguardando a volta de Kai.

Quando ele se instalou novamente em torno da mesa de jantar e ligou o gravador, Dr. Eck começou o seu relato:

— Nasci em 12 de julho de 1902 e passei minha infância na pequena cidade de Eberwalde, distante 50 quilômetros a noroeste de Berlim. Eberwalde foi uma cidade industrial até o final da Segunda Guerra. Desde pequeno, sempre me interessei pela medicina. Ainda menino, já conhecia todas as plantas medicinais existentes na floresta da granja de minha família, onde morei por algum tempo com minha avó materna, profunda conhecedora de ervas terapêuticas. Aos 14 anos, trabalhando como escriturário na Prefeitura de Eberwalde, tive meus artigos publicados por um jornal da cidade. Por volta dos 16 anos, fui correspondente de um jornal de Berlim — o Berliner Zeitung — enviando notícias e fotos de nossa cidade. Nessa mesma idade, fui acometido por uma meningite meningocócica, entrando em profundo estado de coma. Nesta época, 1918, o tratamento médico era praticamente simbólico para este grave quadro infeccioso. Como fui desenganado, minha avó materna assumiu o caso. Ela conhecia ervas curativas e era uma grande sensitiva com dons de cura, muito requisitada na cidade. Dessa forma, minha avó começou um tratamento espiritual, junto a beberagens que só ela sabia preparar, o que me levou a uma rápida recuperação, deixando surpresos os médicos que cuidavam do caso.

Kai, preocupado com a rapidez do relato do médico, pegou o gravador sobre a mesa e conferiu se estava tudo certo.

Dr. Eck aproveitou essa pausa para saborear as delícias preparadas por Guilherme, sob a supervisão de Kristin.

Depois de duas garfadas, Dr. Eck continuou:

– Aos 17 anos, terminei o curso ginasial no único colégio da cidade, onde passei a lecionar História Natural, sempre pensando em estudar medicina, mas minha família não tinha recursos para me manter na Universidade de Berlim. A vida, como você deve saber, mestre Kai, sempre nos surpreende... Até hoje fico pensando como seria minha existência se isso não tivesse acontecido...

– Isso o que, Dr. Eck? Agora fiquei curioso.

O médico trocou um olhar carinhoso com sua filha e disse:

– Calma, mestre, você já vai saber. Em março de 1922, o então deputado alemão Karl Klinkerfuss, estava na prefeitura de Eberwalde, visitando nosso prefeito, seu correligionário político. O congressista Klinkerfuss era catedrático em Lei e Ciência Política pela Universidade de Berlim e, nesta visita, tomou conhecimento de um artigo meu publicado naquele dia no jornal local, que criticava a hiperinflação que assolava nosso país naquela época.

Ele teceu muitos elogios ao meu trabalho para o prefeito, e lhe pediu para nos apresentar. Tudo isso aconteceu muito rápido porque, como lhe contei, eu trabalhava ali, na sala ao lado. Agora, imagine você, Kai, a minha surpresa ao ser apresentado a esse importante político e ter meu trabalho reconhecido por ele. Ao saber que meu sonho era estudar medicina e percebendo minha capacidade intelectual, o deputado Karl Klinkerfuss, generosamente, me convidou para ir morar em Berlim em uma das dependências da Universidade desta cidade, na qual ele era benemérito e professor catedrático e, assim, trabalhar na secretaria da escola médica. Depois de convencer minha mãe de que essa seria uma preciosa oportunidade para eu, no futuro, estudar medicina, recebi sua bênção e, então, aceitei o convite com alegria, muita gratidão e esperança. Já instalado em Berlim e muito bem tratado pelos familiares do famoso deputado, aproveitei os recursos advindos do meu novo emprego para concluir os meus estudos preparatórios para a Universidade. Mas as surpresas não pararam por aí, mestre Kai...

Contagiado com o entusiasmo do médico, Kai inclinou-se mais sobre a mesa para não perder uma palavra sequer. Pouco se importava com a comida que esfriava.

Dr. Eck, sorrindo, prosseguiu:

– Em abril de 1924, meu benfeitor faleceu e, para minha surpresa, deixou em testamento recursos financeiros suficientes para custear meu curso médico e comprar uma modesta e confortável casa. Imagine você, Kai, um pobretão como eu, sem dinheiro para nenhum plano sequer, receber um benefício desses... Até hoje, lembro-me do deputado Karl Klinkerfuss em minhas preces. Em setembro de 1925, ingressei na Escola de Medicina da Universidade de Berlim e me graduei em 1930. Ao ser convidado para o cargo de professor na cátedra de Farmacologia, fiz um ano de especialização nesta área na Universidade Ludwig Maximilian, de Munique, em tempo integral. Ali conheci o Professor Edmund Krupp, que faria grande diferença em minha vida. Ele comandava grupos de discussão e seminários que debatiam temas como luto, assistência psicológica e espiritualidade. A simpatia e a afinidade foram recíprocas entre nós. Dr. Krupp foi um divisor de águas em minha vida. E como eu havia perdido meu pai muito cedo, passei a considerar o Dr. Krupp como um pai e ele, por motivos que desconheço, passou a considerar-me como um filho. Ele foi meu mentor espiritual e profissional, me apresentou a Doutrina Espírita, codificada por um eminente professor francês. E com alegria, passei a estudar esta doutrina sob a orientação do Prof. Krupp. Ele instalou em meu ser a satisfação de exercer a medicina de forma humanitária e integral, sem essa abordagem mecanicista e cartesiana que ainda hoje engessa a ciência médica, levando parte dos profissionais ao descaso pelos verdadeiros valores do ser humano.

Cada vez mais atento, Kai perguntou:

– E onde está o Dr. Krupp hoje?

– Ah, Kai, infelizmente você não vai poder entrevistá-lo. Ele faleceu em 1959, quando eu estava morando no Tibete. Foi uma grande perda para a medicina, mas principalmente para mim mesmo.

Kristin, desejando tirar seu pai dessas melancólicas lembranças, falou:

– Papai, e depois que o senhor terminou sua especialização em Farmacologia e voltou de Munique?

Dr. Eck, voltando-se para Kai, continuou:

– De volta a Berlim, em 1931 casei-me com Frieda Thyssen – a Kristin lembra muito a mãe – e comecei a lecionar Farmacologia na Universidade de Berlim, abrindo meu consultório médico neste mesmo ano e, em 1933, comecei a trabalhar como médico assistente num hospital psiquiátrico de Berlim que, anos depois, no final de Segunda Guerra foi destruído durante um bombardeio soviético. De 1931 a 1943, constitui minha família composta de quatro filhos – Edmund, nascido em 1932, Karl que nasceu em 1934, Eck em 1937 e a caçula Kristin em 1943. Embora presenciando experiências dolorosas causadas por uma guerra irracional e absolutamente desnecessária, nossa família era muito unida e, apesar das dificuldades, buscávamos ser felizes. De forma alguma imaginávamos a tragédia que arrasaria nossas vidas...

Kai, respeitando o momento, observava o semblante triste do médico, com as lágrimas contidas em seus profundos olhos azuis. Encantou-se com o carinho de Kristin, que esticou seu braço direito e tocou o ombro do pai.

Dr. Eck prosseguiu:

– De forma imprevista, em 1945, Berlim foi bombardeada pela Força Aérea Aliada. Minha esposa Frieda, no momento em que buscava meus três meninos na escola foi surpreendida por uma avassaladora explosão. Diante da destruição total da escola, ela e meus filhos foram dados como mortos, juntamente com todos que lá estavam. Somente minha Kristin, com apenas dois anos de idade, escapou, pois ela havia ficado com a ama em nossa casa. Nessa hora, eu atendia os feridos no hospital, sem cogitar o drama que se abatia sobre mim. Jamais vou me esquecer do instante em que uma enfermeira tocou meu ombro esquerdo levemente e me deu a triste notícia. Claro que não aceitei o fato e saí feito um louco, correndo em direção à escola. Ninguém podia me ajudar, porque todos se ocupavam de suas próprias tragédias pessoais. Passei uma semana e meia no meio dos destroços da escola, e de hospital em hospital, buscando encontrar meus familiares. Kristin, ainda tão pequenina, chorava a falta da mãe e eu precisava, de alguma forma, reagir a todo esse sofrimento. Assim, preocupado com o futuro de Kristin, sentindo meu coração em frangalhos, deprimido e com ódio da vida, abandonci tudo em Berlim. Não conseguia me conformar por não ter sequer podido enterrar minha esposa e meus filhos, mas algo dentro de mim me chamava à vida. Eu precisava restaurar, interiormente, o equilíbrio entre o amor e o ódio, senão o ódio pela situação vivida poderia me destruir. Resolvi, então, fugir com minha filha para uma remota localidade da Cordilheira do Himalaia, na região oeste do Tibete, que um dia me havia sido recomendada pelo Prof. Edmund Krupp, que já estivera em viagem de estudos por lá, na década de 1920. Lá, no Tibete, onde permaneci por quinze abençoados anos, pude escrever meu livro e servir aos homens, mulheres e crianças esquecidas da civilização e do progresso humano, mas que tinham grande espiritualidade. Fui chefe de uma organização secreta, fui preso...

– Preso, Dr. Eck? Como assim? – assustou-se Kai.

— Sim, preso e deportado de volta a Alemanha. Aguarde mais um pouco que, depois, vou lhe contar com detalhes. No Tibete vivi anos em que aprendi e estudei muito sobre a arte do equilíbrio dinâmico entre o amor e o ódio. Aprendi que só é realmente superior aquele que mais serve ao seu semelhante. Aprendi, também, que só temos de verdade aquilo que damos a outrem.

Kai sequer piscava os olhos, tamanho o seu interesse. Kristin resolveu interromper perguntando se já poderia servir a sobremesa. Foi até a cozinha e voltou à sala de refeições trazendo uma bandeja cheia de deliciosos e fumegantes *Apfelstrudels* preparados por Guilherme.

Procurando dar uma pausa na entrevista, Kristin sentou-se ao lado de Kai para combinar a visita dele à escola de música, para atender à jovem aluna, no dia seguinte, logo após o almoço. Enquanto saborearam os gostosos strudels de maçã, os três bebericavam um chá de frutas vermelhas típico daquela região.

Terminando, Kristin buscou seus afazeres domésticos e o Dr. Barth, com uma disposição juvenil, aproveitou para concluir seu relato daquele dia:

— Mestre Kai, penso que é importante você conhecer a fundo minha experiência no Tibete. Portanto, ligue seu aparelho e vamos em frente.

Kai, admirado e cheio de animação, aprumou-se na cadeira, apertou os botões *play* e *rec* do gravador e apurou seus ouvidos.

— Certa feita, Kai, lá no Tibete, conheci um venerável ancião que chefiava espiritualmente a região, chamado Ang Ki. Era uma espécie de guia espiritual, diziam que era intermediário dos mortos junto aos vivos. Certo dia, fui convidado para participar de um ritual na casa de Ang Ki. Cheguei em sua casa e me encaminharam para uma sala oval, e lá estava ele sentado no meio dela, com sua aura mística, rodeado de pessoas por ele escolhidas, para lhe dar sustentação energética. Com cuidado, fui convidado a me sentar à sua frente, o que fiz em respeitoso silêncio. Já era noite e o ambiente estava pouco iluminado por uma suave fogueira, exalando um aroma enebriante de sândalo que rescendia por todo ambiente. De repente, Ang Ki suspirou fundo, tossiu levemente e começou a falar no mais puro idioma alemão, dizendo ter sido um psiquiatra alemão morto em bombardeio no ano de 1944. Como se me conhecesse e soubesse de meu trabalho pregresso com doentes mentais, ele veio até mim e, com uma possante voz, totalmente diferente da voz suave de Ang Ki, disse: "Meu filho, sei que você sempre quis entender essa situação. Pois então, guarde bem: é grande o número de pessoas que, comprometidas com a Lei de Causa e Efeito, reencarnam com a necessidade de sofrer doenças mentais no intercurso de sua vida." Surpreso por essa entidade espiritual saber sobre meus questionamentos mais íntimos, perguntei-lhe como fazer para que houvesse aceitação de semelhante realidade por parte dos doentes e de seus familiares. E ele me respondeu que a primeira coisa é fazer com que os homens entendam que a doença mental é uma consequência de desatinos do passado. Quando os pais têm um filho louco, eles precisam aceitar que foram, de alguma forma, responsáveis diretos ou indiretos, em pregressas existências, por episódios que levaram o filho a cometer graves erros que comprometeram seu cérebro espiritual.

Como consequência, tiveram novas reencarnações de sofrimento mental para o filho, trazendo imensas responsabilidades para os pais. E o espírito comunicante prosseguiu: "Portanto, meu filho, vamos aceitar o doente mental como uma anormalidade da vida, lembrando que ninguém deve ser desrespeitado ou discriminado. Porque o que se nota hoje é um profundo desrespeito ao doente mental. Devemos procurar tratá-lo e curá-lo, amá-lo como irmão e não como um animal a ser domesticado." Fiquei pensativo e concordei com a entidade espiritual, que continuou, respeitosa: "Hoje em dia, da mesma forma que se domestica um animal indócil, eles tentam domesticar o doente mental. Infelizmente, ainda é essa a realidade 'terapêutica' na maioria dos hospitais psiquiátricos do mundo. Domesticar, amansar o que não precisamos amansar, porque ele, o chamado louco, já é manso. Os episódios de agressão que acontecem nada mais são do que a própria loucura dele, dentro da tortura imposta pelos ditos normais. O louco não machuca ninguém a não ser ele próprio."

– Mas isso é um chamado muito importante, Dr. Eck. Desculpe interrompê-lo, mas como isso é real até hoje...

– É verdade, Mestre Kai – respondeu o médico, satisfeito por poder compartilhar tão importante experiência – E continuando nossa conversa, perguntei ao espírito no que consiste a cura de uma doença física ou mental. Ele me explicou que devemos curar com amor, com compreensão, com perdão e com aceitação. E exemplificou dizendo que o câncer que devora o corpo é, com certeza, a própria cura do doente. Um indivíduo que perde a mão no trabalho, já tem a cura de seu espírito. Muitos afirmam ser absurda a Lei de Causa e Efeito, mas o absurdo está no limite do nosso entendimento, nós não somos os únicos humanos no Universo, nem somos as máximas inteligências do mesmo, portanto, ele afirmou: "Urge que nós humanos, vivos ou mortos, respeitemos as manifestações do Pai Maior." E explicou que assim como na Homeopatia e na Terapia com Florais de Bach, a cura é mansa, respeitando e não agredindo o corpo, da mesma forma não podemos agredir a doença porque ela é uma companheira preciosa. Depois de alguns segundos de silêncio, o espírito, em tom profundo, despediu-se de mim, dizendo: "Guarde bem: Aprenda a amar a doença que surge e lute para que ela saia de sua vida, assim como um mendigo que entra em nossa casa e sai saciado." Neste momento Ang Ki empertigou-se, abriu os olhos, pegou um graveto e rabiscou no chão um velho provérbio alemão: *Aquilo que enche o coração transborda pela boca*. O velho homem levantou-se e agradeceu a todos o tempo dispensado. Quando eu estava saindo, totalmente extasiado pela inusitada experiência, fui surpreendido por uma revelação. Ang Ki tocou de leve meu ombro esquerdo e, com suavidade, em seu dialeto, me disse: "Bom doutor, chegará o momento em que você voltará à sua terra natal, pela mão de estrangeiros que terão o domínio sobre nosso país. Nessa época você será muito conhecido entre seus pares e dessa forma, meu filho, servirá ao seu povo com amor e sabedoria."

– Que experiência extraordinária, Dr. Eck! – falou Kai, pegando o gravador para conferir a fita.

Dr. Eck não queria parar...

– Quando Ang Ki me disse isso, em 1948, fiquei intrigado, sem entender aquelas palavras, visto que eu vivia no meio do nada, em uma remota região do mundo. Hoje sei que ele teve uma intuição premonitória. Realmente, em 1960, fui deportado do Tibete pelo governo chinês que anexou este país, e acabei voltando com Kristin para uma Alemanha dividida – a ocidental sob controle americano e a oriental sob o comando soviético. Chegando em Eberwalde, minha cidade natal, tentei me estabelecer com o dinheiro do Prêmio Nobel que ganhei em 1959. Porém, no começo de 1961, chegou até nós a notícia da construção de um muro em Berlim que visava impedir o livre trânsito entre as duas Alemanhas. Indignado com esse fato, conversei com Kristin e decidimos nos mudar para a Áustria. Escolhemos essa aprazível região em que vivemos até hoje. Chegamos em Bergkarmel em junho de 1961. Esta confortável casa era, na época, um antigo albergue de alpinistas na Montanha Azul que, após ser adquirida por mim, passou por amplas reformas.

Kai, bastante interessado na experiência do Dr. Eck Barth no Tibete, pediu:

– Dr. Eck, preciso saber sobre sua estada no Tibete. Imagino quanto aprendizado ocorreu nessa fase de sua vida...

– Sim, mestre Kai, mas vamos aos poucos. Como tenho várias histórias ligadas ao ódio e ao amor para lhe contar, e algumas delas vivenciadas no Tibete, aguarde mais um pouco. Penso que é hora de descansarmos. Lembre-se que amanhã só poderemos nos encontrar na parte da manhã e à noite. Vou aproveitar seu compromisso com Kristin à tarde para anotar todos os casos que ainda quero lhe relatar.

Kai lhe perguntou, então, qual seria o primeiro assunto do próximo dia.

Dr. Eck pensou um pouco e respondeu:

– Precisamos terminar aquele tema sobre a odiodependência. Fiquei de falar para você sobre o tratamento do odiodependente, lembra-se?

Dr. Eck Barth se despediu de Kai e foi direto para seus aposentos.

Kai passou pela cozinha para tomar água e lá encontrou Kristin. Sentiu vontade de se sentar perto dela e puxar uma conversa, mas logo percebeu que Kristin, com o semblante enigmático, lia uma carta, enquanto segurava uma rosa vermelha na outra mão. Intrigado, Kai pensou: "Uma carta e uma rosa... Só pode ser de um admirador de Kristin. Será que ela tem namorado?" Ele quis perguntar-lhe sobre a carta, mas não teve coragem.

Assim, desapontado com o que viu, Kai bebeu a água, despediu-se de Kristin e foi se recolher no quarto de hóspedes.

11
ÓDIODEPENDENTE: TRATAMENTO

"Aquele que não pode perdoar destrói a ponte sobre a qual ele mesmo deve passar."
Geogre Herbert (1593-1633) poeta inglês e sacerdote anglicano

– Dr. Eck, como é o tratamento das pessoas ódiodependentes? – perguntou Kai, colocando o gravador ligado sobre a mesa.

O médico, ajeitando-se em sua cadeira, retomou o assunto:

– Geralmente, assim como os viciados em drogas ilícitas, os viciados em ódio não querem ajuda e fazem sofrer as pessoas que com eles convivem. E fogem de uma condição importante: o ódiodependente tem que se predispor ao tratamento, que segue nos mesmos padrões de um tóxicodependente, isto é, tratamento das emoções com um psicoterapeuta que tenha uma visão holística (integral) do ser humano, e fazendo uma complementação com medicamentos específicos, em situações que se fizerem necessárias, tais como aquelas em que o paciente ódiodependente esteja com sintomas de depressão aguda.

– Realmente, Dr. Eck, nesse caso o medicamento tem grande importância – retrucou Kai.

– Como dizia o meu mentor, o Professor Krupp: "Em caso de depressão em fase aguda, os antidepressivos são importantes num primeiro momento, pois são fundamentais para colocar *a casa interna* do paciente em ordem. Assim, com a estabilização emocional que o medicamento proporciona de forma rápida e eficaz no humor do paciente, ele se conscientiza do problema existente em si mesmo e programa, em sua rotina, as autorreformas necessárias para sua harmonização emocional. Aí sim, para fecharmos o círculo terapêutico, poderá ter início um tratamento adequado com Florais de Bach e Homeopatia, sem esquecer o encaminhamento de ordem espiritual para a religião mais ao gosto do paciente. Desta forma, a meu ver, teremos uma interação bastante sinérgica no tratamento.

– Bem lembrado! – concordou Kai.

Dr. Eck levantou-se, dirigiu-se a uma estante atrás de seu aprendiz e pegou o mesmo livro que já havia mostrado a Kai – *O Poder do Subconsciente*. Então, abriu em uma das muitas páginas marcadas, e disse:

– Gosto sempre de lembrar o que diz o mestre Joseph Murphy: *"No campo psicossomático da medicina moderna é constantemente ressaltado o fato de que o ressentimento, a condenação dos outros, o remorso e a hostilidade estão por trás de uma multidão de doenças que vão da artrite às doenças cardíacas. Salientam os médicos que essas pessoas doentes, que foram magoadas, maltratadas, enganadas ou prejudicadas, estão cheias de ódio e ressentimento contra aqueles que as feriram. Isso provoca feridas inflamadas e supuradas em seus subconscientes. Só há um remédio: elas têm que eliminar e descartar-se dos seus ferimentos e o único caminho seguro para isso é o perdão".*

– Então, o perdão que exercemos em relação aos outros é realmente essencial para a nossa saúde física e mental?

– Sim, Kai, como eu sempre digo, necessitamos perdoar a todos os que nos feriram, se desejamos ter uma saúde perfeita e sermos felizes. A prescrição médica e a recomendação psicoterapêutica para serem eficazes devem abranger todos os níveis dimensionais do corpo humano.

– Níveis dimensionais? O senhor pode explicar isso melhor, Dr. Eck?

– Veja bem: Podemos entender o corpo humano em três partes – a física (somática), extrafísica (alma) e emocional (espiritual) e todas interagem de forma perfeita. Ao contrário da ciência médica, que tem seu "modus operandi" dentro dos padrões cartesianos ou mecanicistas, dividindo o ser humano em "pedaços" para tratá-los de forma distinta um do outro, a medicina e psicoterapia com abordagem holística – que vê o ser humano como um todo (corpo e alma) –, tratam o ser humano sem separá-lo em "partes" distintas.

– Então Dr. Eck, quer dizer que o medicamento químico ou o fitoterápico atinge especificamente o corpo físico?

– Isso mesmo, Kai. Vou dar um exemplo: uma pessoa bate o martelo no dedo, toma um analgésico e a dor física diminui ou fica mascarada por algum espaço de tempo. Por outro lado, a pessoa pode estar com uma enxaqueca sem nenhuma origem física, ou seja, originada por algum desequilíbrio emocional, pode ingerir alta quantidade de analgésicos e eles não farão o menor efeito. Nesse caso, é fundamental que se investigue as causas emocionais.

– E o tratamento homeopático, em qual nível funciona? – perguntou Kai, satisfeito por esse aprendizado.

– Aí o alvo a ser atingido é mais sutil, Kai, o tratamento homeopático age no corpo extrafísico, que é à imagem e semelhança do corpo físico, embora menos denso. O corpo extrafísico, entrando em equilíbrio, leva ao corpo físico seus efeitos de cura e harmonização, de forma branda e mansa.

– E na terapia floral preconizada pelo médico inglês Edward Bach? Já li diversas publicações a respeito do trabalho do Dr. Bach.

– Bem, neste caso a ação terapêutica é mais quintessenciada. Ela age no "corpo emocional", no espírito, substituindo as emoções negativas e destrutivas pelas positivas e construtivas. Equilibrando as emoções, consequentemente, o efeito benéfico atingirá o corpo físico, de maneira suave e natural, trazendo a este harmonia e saúde.

– Dr. Eck, as três formas de tratamento – o alopático, o homeopático e o floral de Bach – podem ser utilizados juntos?

– Sim Kai, pois como atuam em dimensões distintas do corpo humano, eles interagem entre si de forma benéfica e extremamente sinérgica, sendo úteis em qualquer tratamento de saúde – física ou mental. Mas lembre-se, a prescrição de remédios é a segunda etapa do tratamento, é um complemento da primeira etapa, que no meu entendimento é a mais importante. A primeira etapa é a conscientização do sentimento de ódio para então a pessoa decidir perdoar.

Com entusiasmo, Kai interrompeu, dizendo:

– Eu não sabia da importância vital do perdão na saúde humana, Dr. Eck.

– Isso mesmo Kai. Assim como na matemática, quando a pessoa se conscientiza, entende e aceita o problema, ela praticamente já tem 70% da solução encontrada, o resto, como diria um professor de matemática, "é só aplicar a fórmula e fazer umas continhas".

– É simples assim, doutor?

– Na matemática, sim. Mas, o ser humano tem duas coisas que podem complicar – o consciente e o subconsciente –, que dão forma à nossa mente, como falamos anteriormente.

Kai insistindo no assunto, indagou:

– Além da Terapia do Perdão, existe alguma outra técnica para perdoar, aplicável em nosso dia a dia?

Dr. Eck, no mesmo instante, lembrou-se do caso Helene, com seu câncer no útero. Levantou-se e dirigiu-se ao velho filtro de água, encheu sua caneca esmaltada com água e bebeu com prazer, saciando sua sede. Encheu novamente a caneca e ofereceu a Kai, que aceitou com alegria. Sentaram-se novamente e Eck Barth continuou:

– Vou lhe responder esta pergunta lembrando do caso Helene.

12
TERAPIA DO CÓLON

> *"Em última análise, precisamos amar para não adoecer."*
> Sigmund Freud (1856-1939) psicanalista alemão

Voltando ao caso Helene, Dr. Eck Barth começou:

— Uma semana depois do atendimento que fiz a Helene, voltei ao hospital e a encontrei mais serena e tranquila. Sentei-me ao lado dela e perguntei sobre sua saúde. Helene, visivelmente alegre, me respondeu que estava muito bem e tentando exercitar o perdão, embora achasse muito difícil. O interessante, Kai, é que ela resolveu tomar a iniciativa de procurar um advogado e, assim, dar entrada da papelada do divórcio. Ela me contou que o marido já tinha sido notificado pelo oficial de justiça e que ele ficou uma fera dizendo, dentre muitas asneiras que, como Helene ia mesmo morrer com o câncer, não seria necessário o divórcio.

— Que crueldade, Dr. Eck!

— Sim, mestre Kai, mas ela estava firme na decisão de perdoar o marido. Dei-lhe os parabéns, dizendo que esse processo de desapego do marido, ao pedir o divórcio, já era um grande passo para o perdão verdadeiro. Helene ficou intrigada quando falei em desapego, e expliquei-lhe que o desapego quer dizer libertação, perdão, amor. O apego, ao contrário, é um indício de ódio camuflado, a pessoa não consegue ficar longe do outro, porque quer vigiá-lo, quer prender o outro.

– Mas isso acontece de forma inconsciente, não é Dr. Eck?

– Sim, Kai. É por isso que as pessoas relutam em perdoar, deixar o amor subir e o ódio descer.

– Tudo isso é muito sério, Dr. Eck.

– E para facilitar o processo do perdão, ensinei a Helene uma técnica muito simples e eficaz que desenvolvi, tempos atrás, e da qual eu mesmo faço uso sempre que necessário.

– Uma técnica, Dr. Eck? Como assim? – perguntou Kai, ajeitando-se em sua cadeira.

– Sim, mestre Kai, a eficácia desta técnica está na simplicidade e facilidade com que a pessoa, de forma consciente, liga seus sentimentos negativos e toda "sujeira emocional" como raiva, culpa e ódio, à massa fecal evacuada. E pelo respeito que tenho pela técnica, passei a chamá-la de Terapia do Cólon, pois é nesta porção do intestino que fezes são formadas de fato. Na verdade, cá entre nós, o nome carinhoso que dou a essa técnica é Terapia do Cocô – falou o médico, com uma gostosa risada.

Kai deu um pulo na cadeira e exclamou incrédulo:

– Dr. Eck, Terapia do Cólon? O que tem a ver o cocô com terapia?

O médico, sério, mas bem humorado explicou:

— Exatamente! Terapia do Cólon. Vou lhe explicar: as mágoas, ressentimentos, que são ódios, e as nossas culpas, todos são lixos emocionais que carregamos teimosamente em nossa mente tanto consciente, quanto nas profundezas de nosso subconsciente. Essa técnica funciona exatamente quando nos conscientizamos deste lixo que carregamos em nós e tomamos a sábia decisão de "evacuá-los" junto com nossas fezes. Portanto, Kai, aplique você em sua vida. Quando você for acometido de uma forte dor de barriga, vá ao vaso sanitário e evacue, mas antes de dar descarga, imagine que aquela pessoa que o machucou e irritou, e fez com que seu ódio subisse, estará, simbolicamente, "grudada" naquelas fezes. Nessa hora, olhe para elas e dê um adeus com uma sonora descarga, imaginando que sua raiva, seu ódio, as chateações da vida etc., estão indo embora com aquele monte de fezes. Neste momento você pode dar nome ao cocô, chamando-o de Fulano ou Fulana de Tal, e diga para irem, simbolicamente, é claro, para o local a eles destinado: o esgoto.

— Que forte isso, Dr. Eck! Deve fazer um efeito extraordinário em nossas vidas. Confesso que vou aplicar hoje mesmo! — exclamou Kai, com um largo sorriso. E perguntou:

— E Helene, Dr. Eck, como reagiu a tudo isso?

— Depois do choque causado pela minha explicação sobre a técnica, ela ficou entusiasmada, e disse assim: "Se isso funciona mesmo, então, a partir de hoje todo cocô que eu fizer será batizado com o nome de alguém e tudo vai mudar para melhor em minha vida." Depois de rirmos bastante, eu lhe disse, com muita confiança, que o câncer dela iria sair junto, aos pouquinhos e sempre, com suas fezes.

– Dr. Eck! Essa Terapia do Cólon é forte, do ponto de vista do subconsciente e também do consciente.

– Exato, mestre Kai, a pessoa cria uma imagem mental forte e consciente e a "empurra" para o subconsciente.

Mas, de onde o senhor tirou essa ideia para criar esta técnica?

– Caro Kai, em meados de 1949, ainda no Tibete, numa conversa informal com Ang Ki, em sua residência, sobre os conflitos armados ocorridos no país vizinho, o Turquestão Oriental, comentamos sobre a questão do amor e do ódio por trás de todas as guerras. Nesse instante, Ang Ki empertigou-se, com os olhos fixos em algum ponto distante e, de forma inspirada, disse: "Amor e Ódio são irmãos. Entenda que só odeia quem muito ama. O ódio é o amor machucado, ferido, ressentido, é o amor decepcionado. Assim sendo, o perdão é o remédio que cura o amor adoecido. O perdão é importante para a pessoa que o exerce." Nunca mais me esqueci dessas palavras de Ang Ki.

– Sábias palavras, Dr. Eck.

– E esse inesquecível mestre tibetano, através de uma simples analogia, explicou que quando comemos uma deliciosa refeição, ela nutre o corpo, mas em poucas horas vira dejeto e tem que ser evacuada. Assim é o amor, que é o alimento da alma. Ele nutre o espírito, mas quando vem a decepção, ele vira ódio, que é o dejeto do amor e, tal como as fezes orgânicas, precisa ser evacuado. Na vida, quando as fezes ficam retidas no intestino, causam intoxicação do corpo físico; da mesma forma, o ódio retido intoxica a alma. Quando não conseguimos evacuar as fezes orgânicas por alguns dias, temos que ir a um hospital para fazer lavagem intestinal. Mas, infelizmente, quando retemos o ódio, não há como fazer o mesmo procedimento médico. A pessoa prende o ódio em sua alma durante anos e até séculos e, assim como as fezes em relação ao corpo físico, ele intoxica a alma e a adormece num 'sono de morte'. Portanto, o segredo é exercitar, praticar o perdão e evacuar o ódio que é o "cocô" do amor.

– Que profundidade, Dr. Eck. Como pode uma pessoa tão simples ter tanta sabedoria?

– A sabedoria reside justamente na simplicidade, mestre Kai. E Ang Ki encerrou essa conversa, dizendo: "Não se sinta culpado pelo ódio que possa sentir, pois isto é absolutamente humano. Não tenha medo de sua humanidade. Ser humano é estar em constante aprendizado. Tenha paciência e compaixão por si mesmo, exercite o autoperdão, sem críticas, sem julgamentos. Ame-se muito!"

– Nem acredito que estou gravando tudo isso – disse Kai conferindo seu gravador. – E o senhor teve alguma notícia de Helene, depois desse encontro?

– Quanto a Helene, seis meses depois da nossa conversa, eu soube através da enfermeira chefe do hospital que o médico que acompanhava o caso dela havia cancelado a radioterapia, tendo em vista a total remissão da doença. Fiquei alegre e confiante e, um mês depois, recebi uma carta de Helene me relatando a mesma coisa. Respondi à carta, com muita satisfação e, mais uma vez, afirmei a Helene que ao se conscientizar de seu ódio pelo ex-marido e exercitar o perdão, ela conseguiu, finalmente, tirar dele, o ex-marido, o papel que ele tinha de protagonista na vida dela, dando, assim, um novo sentido para sua existência.

– Incrível isso, Dr. Eck.

— Por isso, Kai, sempre digo: o câncer e até mesmo os vícios como álcool e drogas, surgem na vida da pessoa como uma solução inconsciente para ela desistir da vida. É praticamente um suicídio e é absolutamente inconsciente.

Kai, encantado com as palavras de Eck Barth, checou seu gravador e trocou a fita cassete por outra novinha. Entretanto, Dr. Eck disse que se sentia um pouco cansado e queria parar por ali, até o almoço. Na parede um autêntico relógio *Junghans* marcava 11h45. O médico chamou Guilherme e perguntou sobre o almoço. Kai e Eck Barth saíram para dar uma volta no jardim, enquanto esperavam a chegada de Kristin.

Meia hora depois, os três se sentaram para o almoço e Kai e Kristin combinaram a ida, juntos, para a escola de música, no período da tarde. Dr. Eck aproveitaria o intervalo para colocar suas leituras em dia e compilar novos casos para relatar ao aprendiz.

Kai e Kristin, aos poucos, estabeleciam vínculos mais fortes. Dr. Eck, grande conhecedor da alma humana, percebia a troca de olhares entre eles e, querendo fazer uma pequena provocação, durante o almoço, perguntou a Kristin:

— Eu soube que ontem você recebeu uma carta... Humm... posso adivinhar quem é o remetente?

Kristin enrubesceu, mas deu corda para a provocação do pai, dizendo:

— Vamos ver se você acerta, papai!

— Pois eu acho que foi o irmão de sua amiga Berta, afinal, ele tem demonstrado bastante admiração por você — falou o médico, olhando de soslaio o semblante de Kai.

Kristin, com um sorriso maroto, e aproveitando para se valorizar, disse, olhando para Kai:

– Esse meu pai não tem jeito. Ele é muito perspicaz!

Kai empalideceu por rápidos segundos, procurando se recompor para não deixar que sua decepção se fizesse notar. O que foi tarde para a argúcia e experiência do Dr. Eck, que sorriu e tossiu, simulando um leve engasgo.

13

CASO ASTRID: PSORÍASE E ÓDIO

"Não se odeia quando pouco se preza, odeia-se só o que está à nossa altura ou é superior a nós."
Friedrich Nietzsche (1844-1900) filólogo e filósofo alemão

Ao entrarem na escola de música, Kristin pediu à secretária a chave da sala que ela havia reservado para Kai e Astrid conversarem.

Astrid já tinha chegado e aguardava sentada na sala de espera.

Kristin a apresentou para Kai e os encaminhou para a sala que ficava ao lado de sua sala de aula. Deixou os dois sozinhos e foi dar uma aula de teoria musical.

Astrid, uma bonita mulher austríaca, contou a Kai que era antropóloga e trabalhava na biblioteca municipal de Bergkarmel. Relatou que há dois anos vinha sofrendo com uma doença, que foi diagnosticada pelo seu médico dermatologista como sendo psoríase eritrodérmica (doença autoimune de origem desconhecida, de evolução crônica, sujeita a remissões e recidivas, caracterizada pela presença de eritema e escamas). Astrid já estava com o couro cabeludo, membros – em especial cotovelos e joelhos – totalmente comprometidos, o que lhe causava tremendo desconforto, atingindo sua estética, com acentuada perda de qualidade de vida e baixa autoestima.

Ela explicou a Kai:

– Segundo meu médico, Dr. Kai, esta doença teria sido causada por trauma emocional ou poderia ter causas genéticas. Ele disse que a cura vai depender de mim mesma. O tratamento que estou fazendo é à base de cremes alopáticos para aliviar os sintomas, e nada mais. Só que não tenho observado melhora alguma, mesmo depois de quase um ano de tratamento. Estou realmente desanimada com tudo isso e só tenho vontade de ficar quieta em minha casa.

Depois de ouvir o seu relato sobre a doença, Kai explicou a ela:

– Astrid, realmente, esta doença tem um enorme conteúdo emocional, é como se a função protetora da pele fosse transmutada em "armadura" – a pessoa estabelece limites em todas as direções, por medo de ser magoada, principalmente por aqueles a quem ama. Pode ser desencadeada por uma experiência que não permite à pessoa expressar plenamente seus sentimentos, que ficam reprimidos atrás de uma "casca dura", impedindo que alguém chegue perto para que não a machuque novamente. É principalmente causada por uma emoção que as pessoas têm muita reserva em admiti-la: o ódio.

E Astrid retrucou, admirada:

– Ódio? Mas, doutor, eu não odeio ninguém!

Kai retomou a conversa, bem-humorado, e disse:

– Ora, Astrid, não se assuste... Como diz o pai de Kristin, o famoso Dr. Eck Barth, amor e ódio são dois irmãos, vivem juntos, lado a lado, e nós só sentimos ódio por aqueles que muito amamos. E quando nos decepcionamos com estas pessoas, principalmente as de nossa "constelação" familiar, o ódio aumenta e o amor diminui, mas continua lá embaixo quietinho, à espera do momento mágico do perdão, para que o equilíbrio "amor e ódio" possa ser reestabelecido. E por falar nisso, como é o seu relacionamento com seus pais e irmãos?

E Astrid respondeu:

– Depois que adoeci, Anna, minha única irmã, mais velha, tem sido um anjo para mim. Meus pais têm sido muito solícitos e bondosos, às vezes encontro minha mãe chorando em seu quarto, segurando minha foto. Sabe, Dr. Kai, minha autoestima caiu a zero. Apesar de ser uma cientista, eu também atendo o público que visita o museu. As pessoas me olham com um misto de piedade e nojo, com medo de uma possível contaminação. É constrangedor para mim que sempre me considerei uma mulher bonita e charmosa dentro dos padrões atuais.

Kai disse a ela, com firmeza:

– Eu entendo seu sofrimento, Astrid, mas preciso saber como era seu relacionamento familiar antes da psoríase aparecer na sua vida.

Com semblante carregado e melancólico, Astrid começou a relatar trechos de sua vida familiar:

– Desde a mais tenra idade sempre fui muito ligada ao meu pai, que brincava e conversava bastante comigo depois que chegava do trabalho. Minha mãe, que eu lembre, sempre foi distante de mim, muito enérgica e disciplinadora comigo, mas hoje eu entendo: ela queria o melhor para mim, que eu fosse educada, estudiosa e disciplinada. Eu também desejava afagos, às vezes um colo amigo e compreensivo, mas ela me repelia e dizia que não tinha tempo para mimos e outras bobagens; se quisesse chamegos, que fosse atrás de meu pai.

– Mas Astrid, por que sua mãe agia assim? – perguntou Kai, já imaginando a resposta.

E Astrid respondeu, com um entusiasmo quase infantil:

– Papai é pastor e Bacharel em Teologia, comanda uma Igreja Luterana em Bergkarmel, um homem bastante querido e admirado por todos que o conhecem por sua sabedoria, carisma e atividades humanitárias que aqui em nossa região é quase em sua totalidade de responsabilidade das Igrejas Reformadas. Meu pai é um grande pregador e articulista de revistas e jornais religiosos, e sempre é convidado para proferir conferências em outras cidades de nosso país. E ele sempre teve muito carinho e afinidade por mim.

– Parabéns, Astrid, um dia desses quero conhecer seu pai, tenho certeza que vou aprender muito com ele. Deve ser uma pessoa maravilhosa. Mas me diga como era o relacionamento de sua mãe com sua irmã? – perguntou Kai, com um misto de curiosidade e malícia.

Passaram-se alguns segundos e parecia que Astrid olhava para um ponto fixo no infinito, quando disse com tristeza e como se tentasse esconder algo de Kai:

– Minha mãe era muito mais afável, brincalhona e condescendente com minha irmã mais velha. Anna podia tudo, mas mesmo assim, implicava comigo, roubava as bonecas que meu pai trazia para mim, quando chegava de suas viagens. Ele também trazia bonecas para ela, mas ela achava que as minhas eram mais bonitas e melhores que as dela. Eu reclamava em vão para minha mãe, que tinha poder sobre nós, mas ela pouco me dava atenção. Papai sempre foi o porto seguro de minha vida. Minha mãe, crítica e fria comigo. Minha irmã e eu brigávamos constantemente, ao longo da adolescência até a vida adulta. Meu pai ingenuamente dizia que eu era sua filha mais bonita e também a mais querida.

– E sua irmã, como ela se sentia em relação a isso? – perguntou Kai.

– Minha irmã, eu notava, se mordia de ciúmes e tinha uma inveja surda e profunda. Em nossa adolescência, sofri muito com ela, pois sempre interferia em minhas amizades e namorados, e sempre se acumpliciava com minha mãe. À medida que eu crescia e me tornava mulher bonita, vistosa e com um ótimo emprego, a implicância de minha mãe aumentou, eu sentia que ela alimentava um ciúme de mim, disfarçado com maestria quase teatral, principalmente junto a meu pai que cada vez mais me cumulava de atenções e carinho. Mas ao longo de minha vida, fiz o possível e o impossível para ganhar o amor de minha mãe, sempre fui a filha que fazia tudo por ela, a filha boa e interessada. Eu nunca soube falar "não" para minha mãe. Com minha irmã, também, procurei ser amiga, ser aceita por ela, mas ela só me desprezava e falava mal de mim para suas amigas e seus namorados. Meu refúgio eram meus estudos e trabalho, onde os colegas me admiravam e respeitavam pela forma como sabia tratar as pessoas. Enfim, doutor, sempre sofri muito com relação à minha mãe e irmã.

— E agora, Astrid?

— Agora, Dr. Kai, que estou com esta doença terrível, notei que elas mudaram o tratamento para comigo. A vida é engraçada, difícil de entender...

Kai, com seriedade, disse a ela:

— Astrid, minha cara, você tem muito ódio de sua mãe e de sua irmã, e tem razão para isso, não se sinta culpada, isto é absolutamente normal e humano, não sinta medo de sua humanidade, eu já disse a você: amor e ódio andam juntos, são faces da mesma moeda. Você sempre quis o amor, a aprovação de sua mãe e só colheu decepções. O mesmo aconteceu com sua irmã. Ambas sempre tiveram inveja de você — sua irmã, por sua beleza, inteligência e carisma, e sua mãe por seu relacionamento carinhoso com seu pai e pela sua independência profissional e financeira. Por isso, tentavam jogá-la para baixo, para que você se igualasse a elas. E aí minha cara, seu subconsciente, como se fosse uma "sombra" amiga, querendo resolver este problema, sugeriu, não, ordenou à sua mente que somatizasse em seu corpo físico uma doença que atingisse em cheio sua vaidade feminina e a empurrasse para a "lama sedutora" da autopiedade — a psoríase eritrodérmica. E tenho certeza de que, quando você anunciou o diagnóstico terrível, ambas, sua mãe e irmã tiveram um "choque", que chamo de remorso. E passaram a tratá-la como você sempre quis. Por isso, você me disse no começo de nossa conversa: "Anna tem sido tudo para mim e meus pais têm sido muito solícitos e bondosos, às vezes encontro minha mãe chorando em seu quarto, segurando minha foto." Entendeu, Astrid?

– Uau, Dr. Kai, foi isso mesmo que aconteceu. Mas eu não quero pagar este preço terrível. Eu quero me curar, quero me libertar desse ódio, que parece um lixo grudento, quero minha saúde e minha autoestima de volta. Como devo proceder? – perguntou Astrid, resoluta e ansiosa.

Cheio de confiança, Kai lhe disse:

– Perdão! Isso mesmo, Astrid, perdão! Decida-se a perdoar. O perdão é um ato de decisão, não um sentimento. Não pense que o perdão é para aliviar a consciência delas, o perdão é para sua cura definitiva, para sua libertação, para sua prosperidade plena, para sua alegria, sua felicidade, para seu desapego. Não se permita adoecer para agradá-las, para que elas se sintam superiores ou iguais a você, para que tenham pena de você. Perdoe e saia o mais rápido possível desse estado de autopiedade, no qual você está se deixando afundar. Diga "não" quando quiser, sem culpa, sem receio de desagradar. Ame-se, o perdão é um ato de amor e inteligência para consigo mesma!

Os minutos se passaram, e após um bom bate-papo, Kai, aproveitando todo o aprendizado com o Dr. Eck Barth, orientou Astrid em relação à "Terapia do Perdão", para ela exercitar direcionada à sua mãe: *"Eu Astrid, declaro que perdoo a mim mesma e perdoo à minha mamãe"*. Kai ensinou também a "Terapia do Cólon" para ela utilizar no seu dia a dia, em "homenagem" à irmã invejosa ou qualquer outra pessoa que lhe fosse inconveniente e desagradável.

Astrid, embora chocada com as revelações que ouvira, sentia-se muito leve e disposta a seguir as recomendações de Kai.

Agradeceu a generosidade do terapeuta e disse que jamais esqueceria suas libertadoras palavras.

Kai, então, despedindo de Astrid, disse:

— Sua cura está 100% em suas mãos! Da mesma forma que você, inconscientemente, deu início a essa doença, você pode, agora, de forma consciente, fazê-la retroceder.

Pegando um papel e uma caneta, em sua pasta, Kai anotou seu telefone e endereço em Klareswasser e entregou para Astrid, dizendo:

— Por favor, mantenha-me informado sobre suas melhoras, porque tenho certeza de que o seu processo de cura começou hoje!

Assim que Astrid saiu da sala, Kai, satisfeito por, mais uma vez, apoiar uma pessoa em seu crescimento, pegou sua pasta e foi procurar Kristin, que dava uma aula de piano para uma menina que aparentava uns oito anos.

Ele aguardou Kristin, sentado no corredor mais próximo e, aproveitando seu tempo, começou a reler o livro *O homem e seus símbolos* de Carl Jung, que pegara emprestado na biblioteca do Dr. Barth, antes de sair com a filha do médico.

14
A REVELAÇÃO

> *"Para alcançar a liberdade interior é preciso vencer a ignorância e as diferentes manifestações de fraqueza. Assim a consciência vai descobrindo a verdade e pondo em ordem os bens e os deveres. Daí a importância de ter verdadeiro amor à verdade."*
> Juan Luis Lorda (1955 -) teólogo e padre espanhol

Durante a volta para casa, dentro do ônibus, Kristin aproveitou a oportunidade para conhecer melhor Kai Schoppen. Com bastante sutileza, ela perguntou se ele morava com seus pais.

Kai, sentindo um travo em sua garganta, disse:

– Não, Kristin. Morei com meus pais até terminar a faculdade. Depois de formado, fui para Viena fazer uma especialização na área de psicologia clínica e lá, no hospital em que estagiei, consegui um emprego como psicólogo assistente clínico, na ala psiquiátrica. Fiquei trabalhando e estudando nessa localidade por cinco anos e voltei para Klareswasser, fixando-me em minha cidade natal. Embora minha mãe insistisse muito para que eu voltasse a morar com eles, senti que não conseguiria mais deixar de ter a minha liberdade, afinal, minha mãe é uma pessoa muito controladora.

– Controladora, Kai? Como assim?

– Controladora e ciumenta, Kristin. Ela interferiu demais em minha vida pessoal, principalmente nos meus relacionamentos, e eu precisei me afastar para evitar maiores conflitos. Em nossas brigas, eu acabava dizendo coisas que depois me deixavam com remorso, mas você não imagina o que é conviver com uma pessoa chantagista, fria e histriônica – disse Kai com o semblante carregado.

– Parece que você tem muita mágoa da sua mãe, Kai!

– Sabe, Kristin, de acordo com o que estou aprendendo com seu pai, é triste dizer isso, mas tudo indica que eu tenho mesmo é ódio da minha mãe, por tudo que ela tem feito. Se estou solteiro até hoje, devo isso a ela.

– É mesmo, Kai? Mas por quê? – indagou Kristin, temendo estar invadindo a privacidade de Kai.

– Vou contar para você, Kristin. Com vinte e oito anos me apaixonei por Elisa, uma jovem da minha cidade, enfermeira do hospital onde eu tinha o meu consultório. Traumatizado com os ataques de ciúmes de minha mãe, nós namoramos por dois anos escondidos da minha família. Porém, resolvemos ficar noivos e eu comuniquei aos meus pais. Você não pode imaginar a cena que minha mãe fez ao saber da novidade. Começou a passar mal, teve que ser hospitalizada e lá, no hospital, fez um verdadeiro interrogatório a respeito de Elisa. Quando ela soube que minha noiva era judia e perdera seus pais em um campo de concentração, e que fora criada em um orfanato, isso foi a gota d´água. Minha mãe simplesmente disse: "Desista, Kai! Eu não vou permitir esse casamento!". Tentei convencê-la e a conversa acabou em uma sonora discussão dentro do hospital. Minha mãe disse que não daria a benção e que tinha certeza de que esse casamento não iria acontecer. Meu pai, sempre condescendente com minha mãe, saiu de perto e foi tomar um café. Isso quer dizer, Kristin, que eu sempre fui muito só, porque não podia contar nem com meu pai, para desabafar. Desse dia em diante, resolvi me afastar da família. Elisa e eu ficamos noivos e marcamos a data do casamento dentro de seis meses.

– E sua mãe, você teve notícias dela, nesse período? – perguntou Kristin, solidária.

– Notícias dela somente através de meu pai, a quem eu visitava em seu trabalho. Fiquei com medo das ameaças da minha mãe e preferi evitar mais confrontos.

– E você contou à sua noiva sobre esses problemas familiares?

– Esse foi meu grande erro, Kristin. Se eu tivesse contado para ela sobre os distúrbios de comportamento da minha mãe, e do que ela seria capaz de fazer, tudo teria sido diferente em nossas vidas.

– Como assim, Kai, o que foi que aconteceu? – perguntou Kristin, curiosa.

– Você não imagina a trama que minha mãe armou para destruir meu casamento e os nossos sonhos de constituir uma família.

Nesse momento da conversa, o ônibus chegou ao local onde eles deveriam descer e continuar a caminhada até a casa do Dr. Barth.

Kristin, percebendo que Kai precisava falar mais sobre suas dores, sugeriu:

– Kai, que tal, aproveitando esse trajeto, você conhecer um lindo bosque onde as famílias fazem seus piqueniques em finais de semana, bem próximo daqui?

Kai concordou com a ideia de Kristin e os dois seguiram em direção ao bosque, aproveitando para apreciar a bela paisagem que se descortinava diante deles.

– E então, Kai, o que foi que sua mãe fez de tão grave? – questionou Kristin.

Kai respirou fundo, olhou para o azul do céu como se estivesse buscando lembranças difíceis, e respondeu:

– Como eu e Elisa éramos de diferentes religiões, resolvemos nos casar no restaurante de um amigo meu de infância. No dia do nosso casamento, tudo parecia transcorrer normalmente, embora eu estivesse estranhando muito a tranquilidade de minha mãe, que fez questão de estar presente à cerimônia. No altar improvisado eu, meus pais, as testemunhas e o juiz de paz aguardávamos a chegada de minha noiva. Porém, ela não chegou.

– Não chegou, Kai? O que aconteceu?

– Depois de uma hora de espera, um de meus amigos resolveu ir até a casa de Elisa para ver o que estava ocorrendo. Vinte minutos depois, ele voltou relatando que, segundo o senhorio do apartamento em que ela morava, Elisa partira duas horas antes, levando todos os seus pertences e, na hora da partida, jogara pela janela seu vestido de noiva totalmente destruído. De acordo com os vizinhos, ela entrou em seu automóvel e seguiu para um destino ignorado por todos.

– Que estranho isso, Kai. Por que essa decisão tão tresloucada?

– Kristin, isso é incrível, mas somente depois de dois anos é que pude descobrir o que realmente havia acontecido com Elisa. Passei deprimido esse tempo todo, envergonhado e, pior, cheio de ódio da minha noiva por ter me causado tanto sofrimento.

Kristin, muito perspicaz, perguntou:

– E sua mãe, Kai, como ficou nessa história?

– Minha mãe, Kristin? Será que ainda posso chamá-la de mãe? Depois da minha decepção, ela ficou mais doce, solícita e compreensiva comigo, mas alguma coisa dentro de mim me dizia que era tudo fingimento. No fundo, eu sentia que minha mãe tinha algo a ver com a fuga de Elisa. Nesses dois anos, embora desiludido de tudo, procurei por todos os lados a minha noiva, até que, na primavera de 1973, recebi um interurbano de Viena. Era Viktor, um amigo médico radioterapeuta, que trabalhou comigo no hospital em que fiz especialização. Ele seria uma das testemunhas do meu casamento e acabou testemunhando minha vergonha e humilhação. Viktor me pediu que, com a maior urgência, fosse me encontrar com ele, no hospital, em Viena. Eu perguntei o motivo, mas ele não quis me dizer pelo telefone. Apenas disse que o assunto era muito grave.

15
O SEGREDO DE SOPHIA

> *"Nenhum ser humano é capaz de esconder um segredo. Se a boca se cala, falam as pontas dos dedos."*
> Sigmund Freud (1856-1939) psicanalista alemão

— E você, Kai, o que fez? — questionou Kristin, totalmente envolvida com essa estranha história.

— Sem a menor ideia do que me esperava em Viena, desmarquei as consultas dos próximos dois dias e parti imediatamente em meu automóvel. No hospital, Viktor me levou até a enfermaria feminina da ala oncológica, e me apresentou a uma mulher aparentando uns 30 anos, muito abatida pela doença que a acometia — um câncer na laringe. Até esse momento, eu não podia compreender nada. Meu amigo disse que ela, Sophia, era uma atriz e que tinha algo muito importante a me dizer.

— Puxa, Kai, que mistério... — disse Kristin, sentando-se em um tronco caído debaixo de uma sombra, no famoso bosque aos pés da Montanha Azul, para descansar um pouco.

Kai, sentado ao seu lado, prosseguiu:

– Sophia aprumou-se na cama e, com dificuldade para articular a voz, foi diretamente ao assunto: "Dr. Kai, preciso lhe pedir perdão. Essa culpa me persegue desde o dia de seu casamento. Tenho que lhe contar porque sua noiva partiu: algumas horas antes da cerimônia, fui procurar Elisa, com o meu bebê no colo e eu disse que ela não poderia se casar com você porque eu – sua esposa – e nosso filho fomos abandonados por você, em Viena."

Kristin arregalou os olhos.

E Kai continuou:

– Sabe, Kristin, nessa hora, deixei minha compaixão de lado e gritei com ela, querendo entender o porquê dessa maldade, afinal, eu nem a conhecia. Mas então, veio o baque maior. Nessa hora, Viktor precisou me amparar... Sophia, chorando, contou-me que fora contratada por minha mãe – minha própria mãe, Kristin – para se passar por minha esposa abandonada e, como minha noiva nada sabia sobre os destemperos de minha mãe e o que ela é capaz de fazer para atingir seus objetivos, Elisa imediatamente acreditou na farsa. Nesse momento, vi que toda a desconfiança que eu tinha em relação à minha mãe era real. Foi como se eu perdesse o chão... Chorei junto com Sophia... e, é claro, a perdoei na hora. Por outro lado, senti crescer dentro de mim um ódio tremendo por minha mãe. Meus sentimentos alternavam entre o ódio por alguém que destruiu o meu futuro e o amor por minha noiva. Onde estaria Elisa, depois desse tempo?

– Kai, mas como o Viktor descobriu o segredo de Sophia?

— Muito simples, Kristin. Viktor atendeu essa paciente e, usando sua habitual abordagem psicossomática em seus atendimentos, ele explicou a Sophia que esse tipo de câncer, na laringe, poderia ter a ver com uma culpa por alguma mentira de consequências trágicas dita por ela, em um determinado momento de sua vida. Foi nessa hora que Sophia desabou em um choro convulso e relatou a Viktor toda a verdade, em seus sórdidos detalhes.

— E você, Kai, o que fez depois dessa revelação?

— Voltei para Klareswasser e marquei uma reunião com meus pais e, diante do olhar estupefato de meu pai, contei toda a minha descoberta sobre a pérfida trama engendrada por minha mãe. Ela, grande chantagista emocional, começou a chorar e disse que fez tudo por amor a mim, seu único filho. Eu lhe disse que jamais a perdoaria por ter roubado minha felicidade.

— E seu pai, Kai, como reagiu nessa hora?

— Como sempre ele reagia diante das maldades de minha mãe — saiu pela porta dos fundos, sem se despedir e sem nada dizer. Dias depois, ele me ligou e pediu desculpas por minha mãe. Eu, cheio de rancor, disse mais uma vez que ela não merecia o meu perdão. Desde então, não falo mais com meus pais.

— Que drama, Kai. Mas... e sua noiva, você a encontrou? — perguntou Kristin, temendo pela resposta.

— Assim que cheguei de volta de Viena, resolvi contratar um detetive profissional para procurar Elisa. Todo aquele ódio que eu sentira por ela, ao ser abandonado no altar, eu transferira para minha mãe. Eu precisava muito rever minha noiva e contar-lhe a verdade. Minhas esperanças renasciam... Quase um mês depois do início das buscas, recebi um telefonema do detetive, direto da cidade de Graz. Ele me deu a notícia que eu tanto esperava – havia encontrado Elisa. Entretanto, o detetive descobrira algo que jogou por terra todas as minhas esperanças – Elisa estava casada e acabara de ter um bebê. Foi aí que chorei como um menino... Como minha mãe foi capaz de me destruir desse jeito? Que tipo de sentimento passaria pelo coração de minha mãe? Afinal, que tipo de ser humano era a minha mãe? Passei quase uma semana afastado do trabalho, sem objetivos, sentindo-me um coitado.

Kristin, percebendo o cansaço emocional de Kai e, até certo ponto lisonjeada por ele estar lhe contando algo tão íntimo, convidou-o a tomarem o rumo de volta para casa. E perguntou:

– E depois, Kai, você entrou em contato com Elisa? Afinal, ela não sabia de nada, não é?

– Senti-me perturbado porque o meu maior desejo era procurá-la e revelar toda a trama de minha mãe. Mas, em respeito ao casamento de Elisa, decidi contar a verdade através de uma longa carta. Ela me respondeu com um simples: "Obrigada, Kai. Seja muito feliz!" Até hoje, Kristin, não sei se Elisa acreditou em minhas palavras e isso ainda me perturba um pouco. Como alguém pode ter uma mãe como a minha? Mas... é a vida! – uns se dão bem no amor... outros não! Depois dessa experiência, sinto-me bloqueado para novos relacionamentos, temo pela segurança das mulheres que se aproximam de mim, afinal, minha mãe não é uma pessoa normal... Por isso, estou aqui solteiro até hoje! – disse em tom brincalhão, querendo fugir da autopiedade que o assolara por tanto tempo.

Kristin aproveitou o momento de descontração para tentar mostrar a Kai que, apesar de todas as dores, ele não deveria se sentir traumatizado com o amor, e sim alguém com mais experiência do que os outros. Era comum em Kristin essa visão positiva da vida.

Chegaram à casa, muito cansados e se dirigiram para seus aposentos, a fim de se preparem para o jantar, logo mais.

16
LEMBRANÇAS

> *"Chega uma época em que nos damos conta de que tudo o que fazemos se transformará em lembrança um dia. É a maturidade. Para alcançá-la, é preciso justamente já ter lembranças."*
> Cesare Pavese (1908-1950) escritor e poeta italiano

Durante o jantar, Kai e Kristin encontraram Dr. Eck bastante animado. Ele passara a tarde lendo publicações médicas e psiquiátricas que, semanalmente, chegavam-lhe pelo correio.

Kai, revigorado depois do banho, olhou para Kristin, sentada ao lado do pai, e disse:

– Dr. Eck, sua filha herdou os seus talentos. Por incrível que pareça, passamos a tarde juntos e eu consegui desabafar com ela os episódios mais dramáticos de minha vida. E, há pouco concluí que esse aprendizado com o senhor, falando sobre o ódio de forma tão natural, está me fazendo muito bem. Agora, começo a entender o que eu preciso mudar em minha vida para ser, finalmente, feliz...

– Perdoar! – interrompeu Kristin.

– Exatamente, Kristin, perdoar! Mais do que nunca, vou prestar muita atenção nas lições do seu pai – disse Kai, com um leve sorriso.

Durante o jantar, Dr. Eck perguntou sobre o atendimento à aluna de Kristin e Kai lhe contou que lhe ensinou aquelas inusitadas técnicas do perdão que aprendera com ele. O médico, bem humorado, deu uma gostosa gargalhada.

Após a refeição, despediram-se todos e cada um foi para seu quarto.

Naquela noite, deitado na confortável cama do quarto de hóspedes, Kai pensou e repensou sua vida até aquele momento. Nada havia sido fácil... Ele começou a trabalhar muito cedo, como office-boy em uma agência bancária de Klareswasser. Quando promovido a escriturário, tendo já terminado a escola secundária, resolveu ingressar na universidade e se tornar um psicólogo. Ao graduar-se, solicitou a dispensa da entidade bancária, e mudou-se para Viena, onde fez sua especialização.

Desde menino sentia o controle perturbador de sua mãe. Com isso, vivia isolado em seu quarto. Ele amava a leitura, era curioso, gostava de enciclopédias e livros relacionados ao comportamento humano. Quando convidado para festas e outros divertimentos compatíveis com sua idade, esquivava-se com desculpas plausíveis e verossímeis.

Kai sempre sonhara com uma companheira que entendesse seus ideais e seu propósito de vida – apoiar as pessoas em seu desenvolvimento. Relacionou-se com algumas mulheres, mas sem encontrar a pessoa ideal, rompia seus compromissos afetivos, evitando desnecessários desgastes. Outras foram afastadas dele pelo ciúme doentio de sua mãe. Quando encontrou Elisa sentiu por ela uma verdadeira afinidade. Ambos trabalhavam servindo seres humanos em dificuldade e participavam juntos de tarefas, como voluntários, na comunidade. Se não fosse a interferência desastrosa de sua mãe, hoje talvez Kai e Elisa estivessem juntos.

O que o salvou da depressão profunda foi o apoio amigo de Viktor que passava todos os finais de semana em Klareswasser, junto a Kai, tentando animar sua alma e afastando-o de vez daquele degradante sentimento de vitimização.

Assim, passaram-se os anos, até o estranho encontro com a folha de jornal com a matéria sobre o Dr. Eck Barth. Coincidência, sincronicidade, Kai não sabia, mas sentia que encontrara no Dr. Eck um pai nutritivo, amoroso e sábio, e em Kristin uma amizade diferente e madura, acompanhada de uma atração inexplicável. E foi tão bem recebido por eles que até parecia que Kai já estava sendo aguardado por ambos, pai e filha.

O que acontecia na Montanha Azul com os três, pai, filha e ele – pensava Kai –, parecia surreal, um encontro habilmente orquestrado pelo Universo.

17
CASO ALEXANDER

> *"Quem assume sua verdade age de acordo com os valores da vida, mesmo enfrentando o preconceito e pagando o preço de ser diferente, passa credibilidade, obtém respeito e se realiza."*
> Luiz Gasparetto (1949 -) psicólogo e escritor brasileiro

Amanheceu um dia de muito sol.

Kai, Kristin e Dr. Eck foram tomar o desjejum. Os olhares de Kai e Kristin se cruzavam com insistência, deixando transparecer o amor que crescia nos dois corações. O doutor Barth percebeu logo, mas guardou silêncio. Terminada a refeição, Kristin se levantou e disse que passaria o dia em Bergkarmel lecionando piano. Kai e o doutor dirigiram-se à biblioteca para continuarem seu trabalho.

Sentado, Kai pediu ao Dr. Eck que contasse algum caso sobre a influência do ódio na sexualidade humana.

Pensativo, Dr. Eck olhou para o teto buscando lembranças antigas e começou:

— Em julho de 1971, eu estava em Viena, no Hospital Geral, AKH, fundado há mais de 300 anos. Hoje em dia, é um dos hospitais mais modernos e avançados da Europa.

— Eu o conheço, doutor, fiz um estágio e minha especialização lá quando me graduei — disse Kai.

— Bem, era uma quinta-feira de muito calor. Eu estava na enfermaria masculina do setor oncológico, quando conheci Alexander, um homem de 45 anos, casado, de tez morena e traços finos e uma fisionomia melancólica e sisuda, com jeito de pouca conversa. Lendo o seu prontuário, vi que ele tinha um câncer no testículo, um tumor maligno que atinge homens entre 15 e 50 anos, bastante raro. Quando comparado a outros cânceres que atingem o homem, como o de próstata, o câncer de testículo apresenta baixo índice de mortalidade nas estatísticas da Organização Mundial da Saúde. Alexander estava em convalescença, pela intervenção cirúrgica que havia sofrido para remoção deste tumor. Após a recuperação, iria iniciar uma série de sessões de quimioterapia como prevenção à disseminação do tumor para outros órgãos e para completa e segura remissão da doença. Entrei no quarto de Alexander, procurando mostrar confiança e o cumprimentei com um tom alegre, tentando levantar o seu ânimo. E Alexander, um tanto quanto melancólico, respondeu: "Vou levando... Maria, a enfermeira, me disse que o senhor é psiquiatra, gostaria de falar com o senhor sobre um problema sério que me angustia há alguns anos." Sem demora, coloquei-me à disposição para escutá-lo. Então, com a relutância natural dos homens quando precisam falar de si próprios, Alexander começou a relatar sua história de vida, que vou lhe contar, Kai, de forma resumida.

– Só um momento, Dr. Eck, deixe-me verificar o gravador.

E Dr. Eck prosseguiu o relato:

– Aos 12 anos, Alexander começou sua atribulada vida sexual. Jovem, bonito e charmoso, com muitas amigas e poucos amigos, Alexander tinha um "mel" que atraía mulheres para relacionamentos que, em sua maioria, eram fugazes, sempre com envolvimento sexual, mas que deixavam um gosto amargo de insatisfação. E ele imediatamente partia em busca de novos relacionamentos. Aos 29 anos, sentia-se gasto e infeliz, e carregava nos "ombros" a fama de mulherengo na repartição pública em que trabalhava. Num determinado dia, Alexander recebeu, com indiferença, a notícia de que seu pai, a quem não via há muito tempo, havia falecido. Foi ao velório, muito a contragosto, "empurrado" pelas exigências sociais. Diante do caixão aberto, observou seu pai inerte, com uma impassibilidade perturbadora. Sentindo-se zonzo com o burburinho de vozes ao seu redor, percebeu um leve toque em seu ombro esquerdo, e quando se virou para ver quem era, reconheceu uma colega de ginásio chamada Nicole, com quem, na época, tivera um tórrido romance, porém rápido. Impulsivo, Alexander casou-se com Nicole poucos meses após o velório de seu pai e, dois anos depois, já tinham um filho, Klaus. Nesta época, Alexander começou a ter romances fortuitos com mulheres que conhecia dentro e fora de seu trabalho, na repartição pública. Numa dessas aventuras, ele conheceu Sebastian, que dividia o apartamento com uma colega com quem Alexander tivera um caso amoroso. Sebastian, homem simpático e insinuante, era médico recém-formado, na época com 28 anos e homossexual assumido. Alexander sentiu uma inexplicável atração sexual por ele. Achou estranho, mas pensou já haver experimentado de tudo em relação ao sexo heterossexual e se lembrou de que nunca se sentira realmente satisfeito. E tomou, então, a decisão de se envolver com Sebastian para experimentar algo inusitado para ele, no campo sexual. Quatorze anos se passaram e até hoje, mestre Kai, Alexander e Sebastian continuam juntos, apesar do câncer que acometeu Alexander e de sua esposa que demorou para saber sobre seu relacionamento extraconjugal e homoafetivo. Até o dia em que o conheci, naquele hospital, ele tinha vivido cheio de culpa e angústia pelo medo que descobrissem seu segredo e pelas consequências que poderiam afetar sua família, esposa, filho, colegas de trabalho e sua carreira profissional. A doença inesperada fez com que Alexander repensasse sua vida desde a infância tumultuada junto a seus pais. E com muita relutância, ele decidiu procurar um apoio psicoterapêutico, para ajudá-lo a lidar com os fatos que cresceram descontroladamente diante dele. Após longa conversa, fiz uma pergunta que o deixou curioso.

– Também fiquei curioso, Dr. Eck. Qual foi a sua pergunta? – indagou Kai.

– Eu pedi a Alexander que relembrasse sua infância, entre seis e oito anos de idade, e perguntei-lhe como se relacionava com os pais nessa época. Alexander apresentou uma fisionomia que deixava claro que estas lembranças eram bem amargas para ele. E respondeu com pesar que tivera uma infância muito triste. Franz, seu pai, era um homem muito mau e ignorante, uma pessoa que parecia estar cheia de ódio. Alexander lembrou-se que, quando tinha oito anos de idade, gostava de assistir na TV o seriado "Papai Sabe Tudo", enquanto saboreava um delicioso jantar preparado por sua mãe. O pai, proprietário de uma oficina mecânica de automóveis, não tinha hora para voltar para casa e, quando chegava, trazia consigo um forte cheiro de bebida alcoólica, misturado ao seu suor e ao perfume barato de prostitutas que ele frequentava. Alexander me contou, com ares de ressentimento, que aquele cheiro repugnante rescendia por toda a casa e lhe causava náuseas e nojo.

– E a mãe dele, Dr. Eck, como reagia diante dessa situação? – perguntou Kai.

– Ele me disse que Monica, sua mãe, mulher boa e sensível, segundo Alexander, reclamava, e com toda razão, pelo mau exemplo que o pai lhe dava. E seu pai, homem impulsivo, violento e cheio de instintos inferiores, agredia sua mãe, verbal e por vezes fisicamente. Quando o menino Alexander tentava intervir, suplicando ao pai que encerrasse a agressão, este o espancava sem piedade e lhe atirava insultos do tipo "Você é um maricas que fica chorando pela mamãe" ou "Você é a menininha da mamãe". Desde então, Alexander me contou que passou a nutrir um ódio mortal pelo pai e, muitas vezes, ao se deitar, ficava imaginando como seria bom se ele, Alexander, fosse um homem grande e forte para poder matar o pai.

– Isso é dramático, Dr. Eck! – exclamou Kai.

– Sim, isso é ódio, mestre Kai! A mãe de Alexander, muito aferrada à sua crença religiosa e a tradições familiares, não tinha coragem de se separar de seu pai, pois ele ameaçava que se isso acontecesse, ele a mataria e ao filho também. E ela suportou o marido, resignada, até o fim da vida dele, precipitado por um derrame que o deixou um ano e meio paralisado sobre uma cama de hospital.

– E a adolescência de Alexander, que mais ele lhe contou a respeito? – perguntou Kai, sensibilizado.

– Sua adolescência foi uma sucessão de encontros e desencontros e aventuras amorosas. A meu ver, Alexander utilizava o sexo como uma espécie de válvula de escape para os problemas existenciais que lhe corroíam a alma. Não gostava de estudar, mas sempre teve facilidade com os estudos. Aos 17 anos, entrou na Faculdade de Direito, e após sua formatura, Alexander prestou um concorrido concurso público e passou. Assim, no início de sua vida profissional, ele foi morar sozinho, em um apartamento alugado, mas sempre em contato com a mãe, que considerava uma verdadeira santa. Como ele mesmo disse para mim: "Passei minha existência como um palhaço travestido de Dom Juan, até encontrar Sebastian que colocou minha vida de pernas para o ar..."

Kai escutava o relato com muita atenção e um sentimento de sincera compaixão pelo pai, pela mãe e pelo filho.

E Dr. Eck, continuou:

– Depois de Alexander contar toda sua história, eu, com firmeza, expliquei-lhe o meu ponto de vista: a homossexualidade masculina nada mais é do que um ódio mortal pelo pai, e a homossexualidade feminina é, também, um ódio mortal, mas, neste caso, pela mãe. De forma inconsciente, em ambos os casos, esse ódio se desenvolve na pessoa no período da infância, entre os oito meses e oito anos de vida e posteriormente entre os 12 e 17 anos de idade.

– Como eu admiro sua franqueza, Dr. Eck. O senhor sempre vai direto ao assunto. Se fosse outro colega nosso, com certeza passaria várias sessões com Alexander esperando que ele tivesse algum *insight* que lhe revelasse a causa do seu problema, o que poderia levar anos – disse Kai, indignado.

– Sim, mestre Kai. Meu tratamento, como já lhe disse antes, é de choque. Mostro logo a causa do sofrimento que, de um jeito ou de outro, revela o ódio por alguém e vou logo dizendo para o cliente que se ele quiser realmente se curar, vai precisar perdoar – seu papai, sua mamãe ou quem for necessário. O perdão é, sem sombra de dúvida, a solução para todos os problemas. Comigo, Kai, no máximo em duas sessões já consigo liberar meu cliente para seguir sua vida.

Dr. Barth, que possuía quase 50 anos de experiência na clínica mental, mantinha uma visão holística e quase religiosa, de sua profissão. Para ele, quem estipulava o tempo de suas consultas era a necessidade de seus pacientes, que eram tratados com muita humanidade, respeito e atenção, independente de sua situação sócioeconômica.

Kai, perplexo, questionou:

– Mas como, Dr. Eck, o senhor consegue resolver os problemas de seus pacientes com duas consultas?

– Muito simples, mestre Kai: antes da primeira consulta, eu solicito ao cliente que me envie uma carta com um relatório sobre sua vida desde a infância, suas queixas e o que tem sonhado nos últimos dias. Então, na primeira consulta, que dura de duas a quatro horas, eu, já sabendo bastante sobre a pessoa, peço-lhe que faça alguns desenhos para eu analisar. Depois, dentro dessas horas que disponho para cada cliente, usando como premissa para o meu diagnóstico o natural ódio que existe entre os seres humanos que se amam, em pouco tempo consigo orientar meu cliente no sentido de sua autocura. Se a pessoa necessitar de um apoio medicamentoso, faço a prescrição. E, ao encerrar a primeira consulta, solicito que o paciente anote seus sonhos e que volte ao meu consultório quarenta dias depois. Nesse período, caso ele sinta alguma insegurança devido aos medicamentos ou alguma dúvida, eu disponibilizo sempre o meu telefone.

Kai, cheio de admiração, exclamou:

– Saber disso, Dr. Eck, já valeu toda a minha viagem. Pode ter certeza de que vou seguir seu exemplo, porque isso sim é uma forma humana de tratamento!

Dr. Eck, satisfeito, levantou-se de sua cadeira e foi até a janela fechar a cortina, evitando o sol sobre eles.

Kai aproveitou a pausa e seus pensamentos voltaram para a tarde do dia anterior, lembrando-se daqueles momentos mágicos com Kristin.

Mas, Dr. Eck voltou e o tirou de seus devaneios:

– Mestre Kai, vamos voltar ao caso de Alexander. Expliquei a ele que, com os problemas que o pai lhe causou no primeiro período da infância, sua vida heterossexual sempre se mostrou insatisfatória, porque, de maneira absolutamente inconsciente, ele buscava um indivíduo que também tivesse o mesmo ódio pelo pai. Eu disse, Kai, de maneira inconsciente! Daí a atração que Alexander sentiu por Sebastian que, com certeza, tem também problemas bastante sérios com o pai. No relacionamento homoafetivo masculino, o parceiro que tem mais ódio pelo pai é o que assume o papel ativo na relação. Para ele o pênis, de forma inconsciente, simboliza um "punhal", e quando ele penetra o parceiro passivo é como se estivesse "enfiando o punhal" na barriga do pai que ele tanto odeia. Alexander, muito chocado, me disse exatamente assim: "Agora eu consigo entender o que se passa comigo. O que eu sinto quando faço sexo com Sebastian é um misto de ódio, amor, satisfação, e até certo prazer pelo poder de subjugação." Ele ficou realmente impressionado com o que eu disse. E eu prossegui, explicando que o parceiro passivo na relação é aquele que também tem muito ódio do pai, mas se sente tão culpado por isso que, inconscientemente, quer ser machucado, subjugado, maltratado.

– E no caso das mulheres homossexuais? – perguntou Kai, com interesse.

– No caso das mulheres, a busca é por uma "boa mãe" e tentam achá-la numa parceira, que naturalmente busca a mesma coisa. Portanto, Kai, quando o indivíduo se dá conta de sua homossexualidade, ele deve assumir, conversar e esclarecer as pessoas que o cercam, amigos, colegas, pai, mãe, irmãos, e até os filhos. E deve procurar um parceiro também assumido e esclarecido, que não tenha doenças infectocontagiosas ligadas ao sexo, e se houver relação heterossexual, ter cuidado e utilizar métodos anticoncepcionais, porque às vezes ocorre ao homem homossexual querer provar sua masculinidade e isto pode trazer sérias consequências.

– O senhor pensa em tudo, hein Dr. Eck. Só um momento porque vou trocar a fita do gravador – disse Kai, empolgado.

O médico, agradecido a Kai pela oportunidade de deixar um legado de sua prática psicoterapêutica, prosseguiu na explicação:

– Eu disse ainda a Alexander que, jamais, em tempo algum, se deixasse envolver com crianças e pessoas casadas. Se o homossexual for casado e tiver filhos, como é o caso dele, deveria naturalmente conversar com a esposa de forma adulta e tranquila, assumindo a situação com clareza e sinceridade, solicitando o perdão da parte dela e uma separação amigável. Quanto ao filho, já adolescente, eu o orientei a ter com ele uma conversa calma e descontraída e pedir perdão pela situação embaraçosa. E que combinasse com Sebastian que nada faltaria à sua ex-esposa e ao filho.

Kai, com interesse e seriedade, disse:

– Dr. Eck, tenho percebido que entre os homossexuais, homens e mulheres, os relacionamentos duram muito pouco por causa do forte ciúme entre os casais. Por que eles são mais ciumentos e mais passionais?

– Mestre Kai, o ciúme entre os casais homossexuais, tanto masculinos quanto femininos, é grande e bem acentuado por causa do ódio em relação à figura do Pai e da Mãe, respectivamente. Portanto, a solução sugerida, em primeiro lugar, é a Terapia do Perdão, isto é, perdoar o "papai" no caso masculino e a "mamãe" no caso feminino e a si próprio, em ambos os casos. E para complementar e fortalecer a decisão do perdão, minha sugestão é que os casais homossexuais, de ambos os sexos, pratiquem a caridade. Para isso, procurem um serviço social voluntário em sua comunidade, como um asilo ou "Lar de Idosos", para escutar os idosos lá confinados e dar banhos neles. Com isso estarão trabalhando o perdão, de forma consciente, em relação ao papai ou à mamãe. Isto é, todo o benefício ou caridade que fizer a alguém necessitado ou para a própria instituição, faça em nome do pai ou da mãe. Entendeu, meu caro?

– Entendi Dr. Eck, e penso que se eu tivesse conseguido perdoar à minha mãe, hoje minha vida seria bem diferente e provavelmente eu seria muito mais feliz e bem sucedido. Assim como no caso do Alexander, ele não teria desenvolvido este câncer tão raro e num local tão inusitado – disse Kai, melancólico.

Dr. Eck completou, bem humorado:

– Local inusitado coisa nenhuma, mestre Kai. O câncer de Alexander se desenvolveu no local correto, afinal, por causa do ódio que sentia dentro do peito, acabou usando sua área genésica de forma abusiva e isso acabou gerando nele um remorso. Porém, quando veio a doença – um recado de sua mente para si próprio – Alexander parou para pensar em sua vida, refletir e curar sua alma, suas emoções e o seu corpo, de forma tranquila e natural.

Kai estava muito feliz com o aprendizado adquirido, checou seu gravador, estava funcionando bem. Sem conter sua curiosidade, perguntou ao Dr. Eck se Alexander havia se recuperado totalmente.

E o doutor disse:

– Mestre Kai, Santo Agostinho dizia: "Conhece-te, aceita-te e supera-te." Alexander não só se restabeleceu completamente do câncer, como também deixou o serviço público e hoje em dia é um grande e próspero empresário no ramo do turismo, tendo o filho como seu braço direito na direção da empresa. Quanto a seu companheiro, o Dr. Sebastian, dirige a Fundação de Amparo aos Idosos Pobres, mantida pela empresa de Alexander.

Kai achou fantástico e Dr. Eck reafirmou a importância da caridade no equilíbrio da saúde psicossomática do homem. Kai, profundamente encantado com o doutor, perguntou-lhe qual era a abordagem técnica que ele usava em seus atendimentos.

Eck Barth explicou que utilizava quase todas as abordagens psicoterápicas conhecidas até então – ele estudara Freud, Jung, Melanie Klein, Reich, Lacan, Adler, Berne e outros. Sendo espírita, admirador de Kardec, utilizava o seu conhecimento sobre a reencarnação para arrematar esse conjunto importante de abordagens psicanalíticas. Ele disse ainda que utilizava muito, também, aquela técnica desenvolvida por ele: o "tratamento de choque", que buscava de forma objetiva e franca atingir as causas, quase sempre camufladas, dos problemas humanos – o amor e o ódio.

Percebendo que eles já haviam terminado essa parte da entrevista, Guilherme entrou na sala e os convidou para o almoço. Avisou-lhes que Kristin não voltaria de Bergkarmel para o almoço porque daria muitas aulas no período da tarde.

– Conversamos demais, mestre Kai! Nem vi o tempo passar... Prepare-se porque após o almoço vou lhe contar um caso em que o ódio desencadeou um processo de obesidade mórbida. Kai ficou pensando em como isso seria possível.

18

CASO FREDA: OBESIDADE E ÓDIO

> *"Não honres com o teu ódio quem não poderias honrar com o teu amor."*
> Friedrich Hebbel (1813-1863) poeta alemão

Terminado o almoço, Kai e Dr. Eck voltaram para o escritório.

Com calma, Dr. Eck explicou que iria relatar o caso de uma cliente que passou por uma cirurgia bariátrica, que é redução do estômago, uma proposta cirúrgica, criada em 1952 nos Estados Unidos para o tratamento da obesidade mórbida.

Com a cirurgia, esta cliente emagreceu consideravelmente e, pouco tempo depois, voltou a engordar. Dr. Eck explicou ainda que, de uma forma absolutamente inconsciente, a gordura ou "manto de gordura" age na pessoa, simbolicamente, como uma "armadura medieval", para que a pessoa não fique ligada à sexualidade exacerbada, principalmente como forma de "proteção ao sexo sem responsabilidade". Disse ainda que, segundo a psiquiatra alemã naturalizada americana, Karen Horney, falecida em 1952, todas as pessoas que apresentam obesidade têm uma carência básica (na primeira infância) de amor de mãe e que, em verdade, a pessoa obesa não quer comida, quer amor, amor de mãe.

Kai se admira cada vez mais com a cultura e memória do doutor.

– Vamos ao caso, mestre Kai. Em fevereiro de 1976, em Bergkarmel, conheci Dra. Freda, que morava em Viena e viera me consultar. Ela era uma médica de 38 anos, com um bonito rosto de traços leves e clássicos, com um semblante que denotava tristeza e decepção. Era uma mulher alta, com uma farta "capa" de gordura que escondia o corpo bem delineado que, provavelmente, tivera anos atrás. Casada há 13 anos com Gerd, engenheiro e empresário, era mãe de Gustav e Anna. Freda havia marcado a consulta na semana anterior, por indicação de um colega vienense que, por telefone, já havia me instruído sobre o caso dela. Três anos antes, Freda passou por uma cirurgia bariátrica para redução do estômago, porque corria risco de morte devido ao seu excesso de peso. No período pós-operatório de um ano e oito meses, ela emagreceu 42 quilos. A partir daí, até a presente data, engordou outros 32 quilos. Depois de uma agradável conversa com Freda, para o nosso conhecimento mútuo, fiz-lhe uma pergunta para entrar na provável causa do problema: "Freda, conte-me a história de seu relacionamento com seu marido Gerd." E com um olhar perdido e o pensamento em algum lugar do passado, Freda contou que conhecera seu marido aos 22 anos. Estudavam na mesma Universidade – ela, concluindo o curso de medicina, e ele com 25 anos, no último ano do curso de engenharia civil. Freda contou que era uma jovem bonita, com 1,71m de altura, 65 quilos, bem distribuídos em um corpo, até então, considerado escultural, que atraía os olhares masculinos, que a cobiçavam. As amigas e colegas tentavam disfarçar uma inveja natural que ela procurava entender. Gerd era homem bonito e atlético, filho de pais muito ricos, donos de uma indústria de cosméticos. Eles namoraram por três maravilhosos anos, como ela disse, em que ele a cumulava de atenções e mimos, que a fizeram se sentir como uma verdadeira princesa. O casamento deles foi como um conto de fadas. Juntos, frequentavam a alta sociedade, em meio às luzes e badalações, e por vezes ela se sentia com uma peça de arte, um troféu do seu marido a ser exibido para os familiares, amigos, em festas e recepções. Porém, mestre Kai, um ano depois, tudo mudou...

– Tudo mudou como, Dr. Eck? – perguntou Kai, intrigado.

– Freda ficou grávida, e começou a perceber que seu marido se distanciava dela, desculpando-se pelo estado dela que, na opinião dele, requeria determinados cuidados. Ela engordou 18 quilos sem perceber. O primeiro filho, Gustav, nasceu no oitavo mês de gestação. Durante sete meses a criança sofreu com cólicas intermináveis e, para poupar o marido, devido às suas queixas e nervosismo reiterados, Freda sugeriu que ele fosse dormir na suíte de hóspedes.

– Humm... isso pode ter ajudado muito a afastar mais ainda o casal... – ponderou Kai.

– É verdade, mestre Kai. Freda conta que depois que ela engordou, seu marido começou a tratá-la de maneira diferente, não quis mais sair com ela, parecia sentir vergonha dela, o que a deixou profundamente magoada. O mais triste é que quando ela resolveu desabafar seus problemas conjugais com sua mãe, esta simplesmente lhe disse que todo casamento era assim mesmo, e que Freda não deveria ficar "incomodando" o marido com firulas de mulher. E mais: Que ela jamais esquecesse suas "obrigações de esposa"...

— Nossa, Dr. Eck, eu imagino o quanto essa atitude cobrada por sua mãe deve ter custado a ela — disse Kai, indignado.

— Sim, isso mesmo. E o pior é que, um ano depois do nascimento de Gustav, sem conseguir emagrecer totalmente, Freda ficou novamente grávida. O marido, como sempre, se mantinha distante, com a velha desculpa, somada à carga de trabalho que aumentara, devido à necessidade de expansão na indústria de seu pai. A filha do casal nasceu e, em alguns meses, com dieta e exercícios e, também já trabalhando em sua clínica médica, Freda conseguiu emagrecer, mas não voltou ao seu corpo pré-casamento. Agora, mestre Kai, a parte mais dolorosa do relato de Freda: Certo dia, ela estava em um salão de beleza, quando escutou uma conversa entre duas mulheres que falavam sobre Gerd, o marido dela, pois ele era uma pessoa bastante conhecida nos meios sociais e empresariais de Viena. Sem que elas percebessem, Freda se aproximou e se concentrou no que falavam. Segundo elas, Gerd era amante da gerente comercial de sua indústria. Naquele momento Freda disse que sentiu como se uma mão poderosa lhe esmagasse o peito, sentiu náuseas e buscou o toalete. Sentou-se no vaso sanitário e procurou harmonizar sua respiração com seus pensamentos. E um turbilhão de lembranças e fatos veio à sua mente como se fosse uma onda descomunal. Freda sentiu um ódio mortal por Gerd. Ao final do dia, já bastante nervosa e decepcionada, ela tentou conversar com o marido sobre o que escutara, e ele negou peremptoriamente, palavra por palavra, disse que ela era uma tola escutando fofocas de mulheres invejosas em um salão de beleza. Virou as costas e saiu de casa e disse que ia dormir na casa de seus pais. Freda ficou arrasada. Procurou sua mãe e esta ficou irritada com Freda, exigindo que ela não tocasse mais neste assunto, tendo em vista que seu marido era um homem muito importante e rico, e seus filhos – os netos dela – precisavam de um pai que lhes garantisse o bem estar no futuro. Nessa hora em que precisava de um ombro amigo, Freda conta que passou a sentir uma profunda mágoa por sua mãe. Ela me disse que, desse dia em diante, não tocou mais neste assunto com ninguém. Seu relacionamento com Gerd esfriou completamente. Ela passou a dormir em sua suíte e ele na dele. O marido nunca mais a convidou para compromissos sociais, pois Freda já não era mais o seu belo troféu e, da parte dela, perdeu todo o interesse por passeios e vida social.

– E a obesidade de Freda, quando teve início? – indagou Kai.

– Bem, ela disse que foi desde a gestação de Anna, a segunda filha. Mas, então, eu chamei a atenção dela por envolver sua filha nisso. Anna não tinha, em absoluto, culpa nenhuma. Até porque Freda já havia me contado que após o nascimento de Anna, ela havia feito dieta, exercícios e conseguira emagrecer. Exortei Freda a voltarmos à época em que ela escutou a conversa no salão de beleza, depois da briga com seu marido e depois também da decepcionante conversa com sua mãe e perguntei-lhe se não teria sido a partir desses episódios que ela começara a engordar de forma acelerada? Ela concordou, mas ainda não conseguia entender o que esses fatos teriam a ver com a sua obesidade.

– Tudo a ver, não é Dr. Eck? – palpitou Kai.

– Sim! Expliquei a Freda que a causa principal de sua obesidade era o ódio, causado por uma dupla decepção. Primeiro, ódio pelo marido, que ela permitiu que fosse o protagonista da vida dela e com o qual ainda continuava casada. Segundo, ódio pela própria mãe, de quem Freda sempre esperou muito.

– Mas por que, doutor? – Kai queria mais detalhes.

– Porque, mestre Kai, como eu não canso de dizer, o amor e ódio são faces da mesma moeda, andam juntos, lado a lado. O marido de Freda e a mãe dela são pessoas nas quais ela confiava e depositava amor e admiração, até surgir a figura sombria que é a nossa velha conhecida – a decepção. Aí, meu caro, o amor e a admiração que Freda nutria pelos dois despencaram, quase desaparecendo, e o ódio cresceu bastante e assumiu o controle dos seus sentimentos em relação ao marido e à mãe. E, da mente subconsciente de Freda, surgiu a obesidade – uma "sombra" amiga e compassiva, que buscou uma forma de "defendê-la" e ao mesmo tempo de se vingar da pessoa de quem ela sentia mais ódio – seu marido.

Nesse momento Kai interrompeu o relato do Dr. Eck e perguntou:

– Esta é a sombra a que se referia o Dr. Jung?

– Isso mesmo, Kai, boa lembrança. Como disse nosso saudoso Jung: *A sombra personifica o que o indivíduo recusa conhecer ou admitir e que, no entanto, sempre se impõe a ele, direta ou indiretamente, tais como os traços inferiores do caráter ou outras tendências incompatíveis.*

– Então doutor, a tarefa do psicoterapeuta seria tornar a sombra consciente para seu cliente?

– Perfeito Kai. E continuando, eu disse à Dra. Freda que o seu inconsciente "arquitetou um plano" para protegê-la do esposo infiel em suas tentativas de ter relações sexuais com ela e, ao mesmo tempo, atingi-lo naquilo que ele considerava como sendo um troféu de sua vaidade masculina – o belo corpo da esposa. A partir daí iniciou o processo, absolutamente inconsciente, de obesidade mórbida. Freda engordou até colocar em risco a própria vida. Sob prescrição médica, fez a cirurgia bariátrica, diminuiu o estômago, mas não diminuiu o ódio e nem trabalhou sua autoimagem. Emagreceu 42 quilos e está reincidindo, isto é, engordando novamente. Ela chorou ao ouvir minhas palavras. Passados alguns minutos, resolvi, procurando imprimir cores fortes e pesadas, acordá-la para a vida. Utilizando a minha técnica do tratamento de choque, eu disse a Freda:

"Você está tentando morrer, na vã esperança de que, ele, Gerd, se arrependa, sinta remorsos, sinta-se culpado, sinta pena de você. Não, minha cara, isto não vai acontecer! Se você morrer, ele simplesmente vai contratar um belo funeral e provavelmente, em poucos dias, já a terá esquecido nos braços de outra mulher."

– Meu Deus, Dr. Eck, e como ela reagiu ao choque?

– Ah... ela, em prantos, disse que sentia em seu coração que isso era a mais pura verdade! Fiz uma pausa para ela se recompor, dei-lhe uma caixa de lenços e coloquei uma bela música barroca de Pachelbel, *Canon in D* para tocar na eletrola. Fui à cozinha e trouxe um copo de água fresca, com algumas gotas do remédio floral de Bach, *Rescue*. Freda bebeu a água calmamente, embalada pela música. Então, com carinho, pedi-lhe desculpas pela imagem forte que havia usado, mas expliquei que achei necessário para despertá-la para a vida que ela tinha pela frente. Eu disse: "Você é mãe de duas crianças que a amam e precisam de você saudável e ativa. Você tem muito tempo de vida pela frente e pode, muito bem, refazer sua vida amorosa com outra pessoa, se quiser. Como proprietária de uma bela clínica médica você tem recursos suficientes para o seu sustento. Ame-se, ame a vida, seja feliz, viva o aqui e agora. Esta é a melhor resposta que você dará aos que a decepcionaram no seu amor." Ela, então, me perguntou como começar essa vida nova.

– Perdoando... acertei? – interrompeu Kai.

– Isso, mestre Kai. Eu disse a ela que o primeiro passo é perdoar. Expliquei: "Freda, perdoe para que você se liberte desse sentimento autodestrutivo, que é o ódio, e siga sua vida em direção à realização de seus projetos e sonhos de vida." E ouça o que ela me perguntou, cheia de desânimo: "Mas como doutor? Esquecer o que passei é impossível para mim." Então, eu lhe disse que para perdoar não é necessário o esquecimento do mal, mesmo porque é impossível esquecer, a não ser que sofra amnésia. É importante não permitir que estas pessoas continuem exercendo poder na vida dela, mesmo sem estarem presentes fisicamente; em verdade, com o ódio, Freda estava dando esse poder a eles. O ódio faz com que a imagem das pessoas que nos agridem fique impressa em nossa retina mental, causando-nos sérias desarmonias, que podem se manifestar na forma das mais diversas doenças, tais como a obesidade, o câncer, a depressão, psoríase, lúpus entre tantas outras.

– E as técnicas do perdão, Dr. Eck? O senhor as ensinou a Freda?

– Sim, com certeza. Elas nunca podem faltar – a Terapia do Perdão e a do Cólon. Expliquei a Freda que, com o exercício do perdão, ela e sua mente consciente irão reverter este quadro mórbido. Com o perdão, Freda não permitirá que este lixo continue preso em seu íntimo. E, assim, a causa da obesidade irá embora junto. Avisei-lhe que teria momentos difíceis e que, caso se sentisse deprimida, desanimada, era só me procurar que eu prescreveria medicamentos. Tomando-os corretamente, sem interrupções, a função desses remédios seria colocar sua "casa interna" em ordem, em equilíbrio, controlando sua compulsão para comer além do necessário. Eu lhe disse que voltasse ao nutricionista para refazer suas estratégias alimentares e que retomasse o gosto pelos exercícios físicos, com a orientação de um competente professor. Ensinei a Freda a fixar em sua mente uma imagem dela magra e esbelta. Para facilitar, sugeri que ela pegasse uma foto de seu tempo de universitária e colasse no espelho de seu banheiro, para auxiliá–la na manutenção desta imagem mental. Terminando nossa consulta, eu falei: "Você deve iniciar o exercício do perdão, de forma consciente e lúcida, lembrando-se que o perdão é uma decisão inteligente e não um sentimento para ser vivido." Sugeri também a Freda que procurasse fazer a caridade, visitando asilos ou lares para idosos desvalidos, para que pudesse dar amor e também receber amor. Ela gostou quando eu disse: "Procure ajudar uma idosa bem simpática e maternal, pois isto irá auxiliá-la a trabalhar a mágoa de sua mamãe." Freda me agradeceu e disse: "Dr. Eck, depois de tudo o que ouvi aqui hoje, creio que um ex-obeso deve ter o mesmo cuidado que um ex-dependente químico. Na obesidade, assim como nas dependências químicas, a autovigilância deve ser para o resto da vida." Concordei, e solicitei a Dra. Freda que retornasse em quarenta dias.

O telefone da mesa do médico tocou e os assustou, tirando-lhes a concentração. Dr. Barth atendeu e, pelo seu semblante de satisfação, Kai deduziu que era a filha querida.

Kristin, muito animada, avisou ao pai que naquela noite levaria três de suas melhores alunas para se apresentarem ao piano:

– Precisamos animar um pouco essa casa, papai, e como temos um convidado especial, nada melhor do que uma noite também especial. Deixem tudo por minha conta!

Combinaram, então, um alegre encontro logo mais.

Kai, muito focado em sua entrevista, perguntou ao Dr. Eck sobre o resultado da consulta.

O doutor Barth disse a ele que, em menos de um mês, Freda ligou para lhe dizer que já estava separada de seu marido e seu advogado entrara com o processo de divórcio. Contou que a família a cobrira de recriminações, mas ela se manteve firme em sua decisão aguentando o "terremoto" familiar.

– Hoje, mestre Kai, passados quase dois anos, a Dra. Freda é médica voluntária na Fundação de Amparo aos Idosos Pobres, mantida por Alexander, e dirigida pelo Dr. Sebastian, que são amigos em comum.

– E quanto ao emagrecimento? – perguntou Kai.

Dr. Eck explicou que a doutora havia retomado um peso adequado e elegante para o seu biótipo e havia montado em sociedade com uma colega nutróloga uma próspera clínica de emagrecimento.

Kai, satisfeito com o resultado da entrevista, desligou seu gravador e alongou seu corpo na cadeira.

Dr. Barth, também aparentando cansaço, lhe disse:

– Mestre Kai, aproveite um pouco para descansar até o nosso jantar com as convidadas de Kristin. Teremos animação logo mais!

Assim, cada um deles se dirigiu aos seus aposentos.

Kai, inquieto, só pensava em como se aproximaria de Kristin. O tempo passava rápido e ele se sentia frustrado por não ter tido oportunidade de conversar a sós, novamente, com Kristin.

A noite foi divertida. Kai resolveu enfrentar sua insegurança e convidou Kristin para dançar. O pai observava tudo de longe, torcendo intimamente para que os dois pudessem se acertar.

Devido ao horário já adiantado e a localização de difícil acesso da casa do Dr. Barth, as jovens alunas de Kristin passaram a noite com eles.

Kai, cheio de esperança de, finalmente, poder declarar seu amor por Kristin, viu suas expectativas se dissiparem.

Em seu leito, o sono demorou muito a chegar. Primeiro porque Kai não queria se desligar do perfume de Kristin, que ainda embriagava os seus sentidos, como se ainda continuassem dançando. Depois, a sensação do corpo dela colado ao seu, percebendo os sensuais contornos disfarçados nas roupas discretas da mulher.

Pensamentos iam e vinham. Kai rolava de um lado para o outro, pensando em como ficaria sua vida se Kristin aceitasse seu amor: "Onde vamos morar? Será que Kristin teria coragem de ir embora comigo? E minha mãe, como irei expor Kristin aos descontroles de minha mãe? Isso seria muito arriscado..." Foram muitas as indagações que lhe atormentaram grande parte da noite. Somente de madrugada Kai conseguiu relaxar e se desligar da ansiedade que o afligia.

19

CASO HELGA: DEPRESSÃO E ÓDIO

> *"O segredo da saúde mental e corporal está em não se lamentar pelo passado, não se preocupar com o futuro, nem se adiantar aos problemas, mas viver, sábia e seriamente, o presente."*
> Siddharta Gautama, o Buda (563-483 a.C.)

Kai, na noite anterior, esquecera de acertar seu despertador e foi Kristin quem bateu em sua porta e o despertou.

Ele levantou-se e, rapidamente, se aprontou para o desjejum.

Cumprimentou a todos, inclusive às convidadas de Kristin, prontas para voltarem para a cidade.

Dr. Barth, em seu jeito silencioso de ser, observava com disfarçada alegria os olhares amorosos trocados entre Kristin e Kai.

Após o animado café da manhã, Kristin e as jovens pianistas se despediram e partiram para Bergkarmel para mais um dia de atividades.

Dr. Eck convidou Kai para permanecerem ali mesmo, na sala de refeições, aproveitando, assim, a vista através da ampla janela.

Guilherme limpou a mesa e trouxe do escritório o gravador e alguns papéis.

Kai iniciou a entrevista perguntando ao Dr. Barth sobre o assunto que falariam naquela manhã.

– Vamos falar sobre um transtorno mental que cresce e toma conta do planeta neste século – a depressão.

– Este é um novo caso clínico, Dr. Eck?

– Sim, mestre Kai. Vou falar sobre Helga, como será conhecida por nós. Ela morava na cidade de Salzburg, às margens do rio Salzach, quando a conheci em 1969. Helga tinha a tez branca e o rosto inchado e macilento, mas deixando entrever a beleza comum que tivera na juventude. Com 47 anos, casada há quinze, sem filhos, ela era gerente e sócia do marido, em uma empresa de pequeno porte dedicada à prestação de serviços de despacho aduaneiro. Numa manhã de outono, Helga me procurou no consultório por indicação de uma amiga de Bergkarmel. Na consulta, ela me apresentou um diagnóstico de depressão feito por experiente psiquiatra de sua cidade. Ela relatou ser consumidora de medicamentos para controlar o apetite e que já tentara suicídio por três vezes. Contou que começava o tratamento com antidepressivos, mas assim que tinha sinais de melhora, interrompia a medicação sem o consentimento de seu médico. Helga sentia que seu marido não a amava mais e, dona de um temperamento muito impulsivo, ela costumava falar o que lhe vinha na cabeça no momento da raiva. Expôs também outros fatos ligados ao seu passado. Escutei com atenção e interesse, procurando interagir com ela. Quando ela terminou o relato, perguntei, com um toque de malícia: "Helga, vou te fazer uma pergunta muito simples e quero que me responda rapidamente, sem pensar muito: Quem você considera a pessoa mais importante de sua existência?" Helga pensou..., pensou e respondeu: "Meu marido... ah... não sei não, acho que minha mãe, isso mesmo minha mãe!"

Kai deu um leve sorriso, porque já imaginava o desfecho dessa história.

Dr. Eck prosseguiu:

– Aí, eu novamente perguntei a Helga: "No fim de sua vida, se você estiver em um leito de morte, quem você tem certeza de que estará com você?" E ela respondeu, lacônica: "Não sei, como eu vou saber? Acho que vai ser eu comigo mesma, não é?" Aí, Kai, expliquei a ela, que ela estará com a pessoa mais importante da vida dela – ela mesma. E eu disse mais: "Nós sempre seremos nossa melhor companhia em qualquer circunstância, onde quer que estejamos, em qualquer situação." Nessa hora, lembrei a ela do exemplo do Cristo – pelo que sabemos da história dEle, quando Jesus foi capturado pelos soldados do Sinédrio, ele foi preso sozinho. Os apóstolos que o acompanhavam fugiram, e Jesus pôde contar somente com a pessoa mais importante de sua vida, ele mesmo. E assim suportou todas as atrocidades que lhe infligiram. E pelo que nos conta a História, Cristo não reclamou nem ficou lamentando a ausência dos amigos das horas alegres e despreocupadas, dos momentos de sonhos e de futuras realizações, ele simplesmente seguiu em frente confiando em si mesmo e no Pai Maior. Jesus amava a si mesmo, por isso conseguia amar a todos.

– Que bonito isso, Dr. Eck. Nunca pensei nessa passagem do Evangelho por esse prisma. Gostei! O Cristo tinha muita autoestima! – falou Kai, cheio de admiração pela capacidade de argumentação do médico.

– Helga também se surpreendeu com a minha colocação. Com tristeza no olhar, ela me disse que nunca havia pensado nisso, pois passara a vida toda esperando muito das pessoas, jogando suas expectativas nos outros, fazendo tudo por todos, esperando que reconhecessem seu zelo, e isso nunca aconteceu. Ela ficava magoada com a ingratidão das pessoas. Seu psiquiatra havia lhe dito que o fato de não levar o tratamento a sério e as tentativas de suicídio aconteceram porque ela queria, de forma inconsciente, chamar a atenção das pessoas que amava.

– Mas Dr. Eck, essa questão de ficar esperando demais das pessoas é mais comum do que a gente imagina. Sofremos muito com a ingratidão dos outros e isso é uma verdadeira armadilha...

– Exato, mestre Kai, devemos lembrar daquilo que Santo Agostinho dizia sobre a ingratidão – que quando eu sinto que uma pessoa agiu com ingratidão a meu respeito, é porque o que eu fiz para aquela pessoa foi por orgulho, por interesse. Se eu faço alguma coisa a alguém com desprendimento, jamais vou sentir ou achar que aquela pessoa é ingrata, ela naturalmente não me agradeceu, mas eu não fico preso à necessidade de agradecimento. No Evangelho Segundo o Espiritismo, compilado por Allan Kardec (lembra-se de que eu já lhe falei dele?), traz uma lição sobre a ingratidão dos filhos e laços de família, mostrando que os filhos são espíritos que vêm ao nosso encontro para acerto de contas – a grande maioria –, e outros para nos auxiliarem, para nos darem forças, para que possamos prosseguir em nossa jornada, vencer aqueles obstáculos, superar aquelas dificuldades que nós não vencemos em vidas passadas... Voltando à minha conversa com Helga, embora sentindo compaixão, eu lhe disse, com energia, que entendesse que o que aconteceu com ela era passado e que este não volta mais. Portanto, que procurasse colocar uma pedra neste passado e seguir adiante, situando-se no presente para construir um futuro melhor. E mais, eu lhe sugeri que começasse a se perdoar e a se apaixonar por ela mesma. Helga me interrompeu e questionou: "Perdoar a mim mesma? Por quê?"

– Dr. Eck, a falta de perdão a si mesmo também está ligada à depressão? – questionou Kai.

– Correto, Kai, e ouça só o que eu disse a ela: "Você, Helga, precisa se perdoar por ter sido tão boba, por achar que as pessoas iriam valorizá-la, sendo que você mesma nunca se deu valor. Vou dar um exemplo: Toda vez que você dizia "sim", querendo dizer "não", você magoava, machucava a pessoa mais importante de sua vida. Quem? Você mesma. Em verdade, Helga, você tem ódio de si mesma, eu creio que desde sua mais tenra idade você vem sistematicamente se autodecepcionando, e com isso, seu amor-próprio diminuiu e o seu "ódio-próprio" cresceu muito ao longo de sua vida. Dessa forma, começou a se desenvolver, desde sua infância, um estado depressivo leve e crônico que a acompanha desde então e que ao longo de sua vida a levou a episódios de depressões agudas. E os tratamentos interrompidos, de forma abrupta, trouxeram graves consequências pelo efeito rebote, fazendo com que a doença voltasse com sintomas ainda mais fortes, quase a levando à morte por suas próprias mãos." Aí, fiz uma pausa para ela beber água, se recuperar e pensar nas informações que lhe chegavam à mente. Passados rápidos minutos, ela falou atônita: "Parece que o senhor adivinhou meu passado." Com um largo sorriso, já prevendo essa reação, eu disse a ela: "Não, minha cara, é que nós, seres humanos, somos muito parecidos. O auto-ódio sempre nos leva a desenvolver doenças ou desarmonias psicossomáticas semelhantes. Agora, vou lhe fazer uma pergunta estranha: Quando você está sozinha e se coloca diante do espelho de seu banheiro ou do seu quarto, você gosta do que vê no reflexo do espelho?" Helga fez uma cara de nojo e respondeu: "Detesto, procuro não fixar o olhar no meu rosto e, quando olho para meu corpo, sinto ódio pelos anos que perdi tentando ficar em forma. Aliás, nunca gostei de espelhos." Assim, eu disse a Helga que a ensinaria a Técnica do Espelho, um procedimento simples e prático para ela se descobrir e se apaixonar por si mesma. Com um sorriso curioso nos lábios, Helga perguntou se isso era uma brincadeira e se eu havia enlouquecido. Com uma gargalhada, eu respondi: "De doido todos nós temos um pouco – se não fosse assim, não conseguiríamos viver neste Planeta chamado Terra. Mas quanto à Técnica, esta é seriíssima." Conduzi Helga até o espelho no hall do consultório e pedi: "Fique em pé diante desse espelho e, agora, dê um forte e amoroso abraço na pessoa mais importante de sua vida, isso mesmo, você, Helga, e mantenha-se abraçada com carinho e, olhando sua imagem no espelho, observe você de cima para baixo, de baixo para cima e procure reparar os detalhes de seu corpo, olhe seu rosto, dentro de seus olhos e diga para você mesma, com muito carinho, compaixão e amor: 'Eu me amo, sou uma mulher maravilhosa, inteligente, bonita e querida, e declaro para o Universo que me amo e me perdoo, que me amo e me perdoo, porque mereço ser feliz e muito amada por mim mesma!'" Helga, bastante surpresa, perguntou: "Declarar amor a mim mesma, doutor?" E eu, com seriedade, respondi: Isso mesmo, Helga, procure fazer uma declaração de amor para si mesma, sempre que estiver diante de qualquer espelho. Lembre-se de que este é um exercício de autossugestão, você não tem que se questionar quanto à veracidade da declaração, simplesmente faça a declaração. Porque, na verdade, Helga, podemos dizer que nosso cérebro é 'burro', para ele, uma verdade ou mentira são apenas informações, dados que entram no sistema – ele não questiona ou checa informações. Com a repetição contínua e cheia de emoção desta declaração você vai impregnar o seu cérebro com a informação, com os dados que afirmam que você é uma mulher bonita, maravilhosa, que merece o melhor desta vida, que se ama e se perdoa. E aí, então, sua mente e seu corpo tendem a acompanhar o que você acredita e buscam entrar em estado de harmonia e equilíbrio dinâmico, levando-a a uma condição de saúde perfeita. O que esta técnica propõe é criar uma realidade positiva em sua vida, para que você evite se ocupar com o passado e viva o aqui e o agora com vistas ao futuro melhor, buscando e vivenciando seu propósito de vida." Helga, com os olhos congestionados pelo choro convulsivo, me agradeceu. Encerrando a nossa conversa, a esperei se recompor e lhe sugeri que marcasse uma consulta com o psiquiatra dela, em Salzburg, e que quando estivesse com ele, pedisse desculpas pelas inúmeras vezes que interrompeu o tratamento com os antidepressivos. Expliquei a ela que, caso o psiquiatra a orientasse a recomeçar o tratamento, que ela o seguisse pelo tempo necessário e que não interrompesse o uso dos medicamentos de forma alguma sem o consentimento de seu médico. E falei para ela que confiasse porque o médico sabe o que faz, afinal ele estudou por anos e tem que estudar sempre, para se manter atualizado com os avanços da medicina moderna. Expliquei a importância da paciência, o tratamento é longo, mas tem um começo, um meio e o fim só dependeria dela. Prescrevi a ela alguns remédios florais de Bach, para atuarem em seu estado emocional, sem interferir com a medicação alopática e sugeri também que Helga buscasse desenvolver sua religiosidade e o trabalho voluntário em sua comunidade. E como ela teria novamente o acompanhamento do psiquiatra de Salzburg, marquei um retorno para ela após sessenta dias.

– E como ela estava quando retornou, Dr. Eck?

– Ah, encontrei Helga renovada, com uma aparência jovial e com uma surpresa: ela havia adotado uma criança que vivia no orfanato em que prestava serviço voluntário. Continuava firme no tratamento da depressão, tomando os medicamentos de forma correta e promovendo mudanças necessárias em sua vida.

Kai, querendo aprofundar o que aprendera, perguntou ao doutor se podia considerar a depressão como sendo um abatimento moral e físico, que tira da pessoa seus sonhos, alegrias, podendo trazer momentos de desespero parcial ou total.

Doutor Eck concordou e disse:

– Há outro tipo depressão em que uma pessoa "colhe" uma mágoa e, por medo ou outro motivo qualquer, não pode ou não consegue "digeri-la", e acaba interiorizando esse sentimento, que nada mais é do que ódio. Com o passar do tempo e os atropelos da vida, essa mágoa perdida nos porões do inconsciente dessa pessoa pode vir à tona em forma de depressão.

Kai, notando a importância do assunto, solicitou ao Dr. Eck que discorresse mais sobre esta terrível doença, pois era muito importante que ele gravasse as explicações do médico.

Doutor Eck sorriu e, sem dar resposta, levantou-se e foi beber água na cozinha. Na volta, passou pela sala de estar, ligou a eletrola e colocou um LP da Orquestra de Berlim. Deixou em volume baixo e, carregando um copo de água para oferecer a Kai, disse:

– Você está certo, mestre Kai. Mas vamos mudar de ambiente, para renovarmos nossa concentração. A sala de estar está bem agradável para trabalharmos ao som de belíssimas músicas regidas pelo maestro austríaco Herbert Von Karajan.

20

DEPRESSÃO: COMO RECONHECÊ-LA

> *"Se os médicos fracassam na maioria das doenças, é que tratam o corpo sem alma, e que o todo, não estando em bom estado, impossível que parte se porte bem."* Platão (427-347 a.C.)

Sentado em confortável poltrona, de frente para Kai, que se acomodou no sofá, Dr. Eck disse:

— Então caro Kai, vamos saber mais sobre esta sorrateira e dissimulada desarmonia psicossomática — a depressão —, que solapa a vida das pessoas que, inadvertidamente, cultivam, consciente ou inconscientemente, o ódio próprio, ou seja, o ódio por si mesmas. A depressão representa uma das doenças mais comuns da era moderna, mas já é conhecida desde a Antiguidade. É um mal que acomete homens, mulheres e crianças, de todas as etnias e classes sociais, mas é duas vezes mais comum nas mulheres.

— Ódio próprio, auto-ódio... — interrompeu Kai. — É incrível o que nós, humanos, inventamos para complicar nossa existência!

– Infelizmente, mestre, sentimentos de ódio contra si mesmo e contra os outros, infelicidade, inutilidade, culpa e vazio são normais e ocorrem em todas as pessoas após acontecimentos indesejáveis. Entretanto, geralmente desaparecem algum tempo depois, não devendo ser encarados como depressão.

– Mas... se esses sentimentos se tornam habituais... Devemos ficar atentos, não é doutor?

– Correto, a depressão é uma doença caracterizada por um estado de humor rebaixado. A pessoa fica angustiada, desanimada, sente-se sem energia e uma tristeza profunda, às vezes acompanhada de tédio e indiferença e um grande desamor por si mesma. Quando os sentimentos são muitos e confusos, a pessoa pode ter a impressão de que não tem sentimentos. As atividades normais do dia a dia passam a não ter mais importância e a pessoa passa a encarar até as tarefas mais simples como se fossem um grande esforço. A vida perde o "colorido" e a pessoa perde o interesse por tudo, inclusive seus hobbies preferidos, amigos e até a atividade sexual, enfim, ela passa a ver a vida em preto e branco.

– E ocorrem mudanças mais visíveis, doutor?

– Sim Kai, há mudança do apetite (que pode aumentar ou diminuir), ocorrem alterações no sono (sendo mais comum a insônia). Geralmente a pessoa deprimida prefere ficar isolada, num lugar onde possa ficar só. Assim, a doença interfere com o trabalho e a vida dela, podendo mudar até a maneira como o indivíduo pensa ou age. Pode levar o doente ao suicídio, à somatização de doenças muito graves e até a acidentes bastante sérios que, na minha opinião, são formas inconscientes de buscar a morte ou a incapacitação física – que é o mesmo que morrer em vida.

– E o que ocorre pelo lado fisiológico, mais propriamente, na química cerebral, doutor?

– Boa lembrança, mestre! Fisiologicamente, a doença se manifesta quando há uma alteração na comunicação entre as células cerebrais, os neurônios, causada por um desequilíbrio químico-fisiológico. Essa comunicação é realizada por substâncias chamadas neurotransmissores. No caso da depressão, são importantes duas dessas substâncias: a serotonina e a noradrenalina. Segundo pesquisas, elas estão envolvidas em todos os processos responsáveis pelos sintomas da doença.

– Quais são as prováveis causas da depressão? – perguntou Kai interessado.

– Na depressão, Kai, nem sempre é possível descobrir quais acontecimentos levaram ao seu desenvolvimento. Na maioria das vezes, é uma doença que se apresenta com múltiplas causas que interagem umas com as outras, levando à sua apresentação clínica. Acredita-se que haja uma base genética, já que pessoas com história familiar de depressão apresentam maiores chances de desenvolver a doença. Associados a isso, podemos ter os seguintes fatores: Acontecimentos na vida que levam à grande tristeza – morte na família, crise e separação matrimonial, menopausa, parto, etc.; modo de encarar a vida, de forma pessimista, negativista; estresse e ódio; problemas sociais como desemprego, solidão. Tudo isso pode levar ao que chamamos de depressão reativa.

– Esses fatores citados acima podem desencadear a doença em pessoas predispostas à depressão?

– Algumas pessoas apresentam maior risco de desenvolver depressão, mas qualquer um pode ter durante a vida episódios de depressão, conhecidos como reações depressivas. Por exemplo, pessoas que já tiveram depressão (reincidência); aquelas que têm familiares com depressão (fator genético); os que convivem frequentemente com eventos adversos; aqueles com problemas de relacionamento, ódio, culpas, etc. (fator reativo); os que sofrem de isolamento social, como: idosos, desempregados, marginalizados, minorias étnicas, mães solteiras; portadores de doenças autoimunes, progressivas e degenerativos ou incapacitados de forma geral (fator endógeno); mulheres nos 18 meses seguintes ao parto e pessoas que abusam de drogas ilícitas, medicamentos, álcool.

– Como reconhecer a depressão de forma simples e clara? – questionou Kai.

– Segundo estudos clínicos psiquiátricos, os critérios para o diagnóstico da depressão baseiam-se principalmente na intensidade e duração dos sintomas. Em geral, os pacientes apresentam sentimentos de inutilidade, baixa autoestima, desamparo ou falta de esperança, humor deprimido ou irritabilidade, ansiedade, medos, dormem e comem mais ou menos que o normal, dificuldade em se concentrar ou em tomar decisões, falta de assertividade, perda de interesse em participar de atividades habituais e cotidianas, redução do desejo sexual, recusa em estar com outras pessoas, sentimentos exagerados de culpa, tristeza ou ódio (aparente ou não), perda de energia ou sentimento de cansaço, pensamentos de morte e suicídio. É importante lembrar que a depressão pode manifestar-se também por sintomas físicos ou psicossomáticos como dores de estômago, dores de cabeça, dores pelo corpo e nas costas, pressão no peito, subnutrição, entre outros.

– E quanto ao tratamento, doutor Eck?

– Ao contrário do que alguns pensam, a depressão tem cura. Mas é importante que, ao perceber os sintomas, a pessoa procure atendimento médico psiquiátrico junto ao psicoterápico, pois o quanto antes for iniciado o tratamento, mais rápido ela voltará à sua vida normal. O tratamento medicamentoso deve ser com o uso de antidepressivos, podendo, dependendo do caso, ser associados à homeopatia e aos Florais de Bach, sem que um interfira no outro, pois atuam em campos dimensionais distintos. E é fundamental o apoio e a participação de familiares e amigos para o sucesso do tratamento.

– Como atuam esses antidepressivos? Eles podem trazer problemas para a pessoa?

– Em minha opinião, são verdadeiras bênçãos da ciência moderna. Os antidepressivos fármacos constituem um grupo de medicamentos que têm o objetivo de restabelecer o equilíbrio na comunicação dos neurônios. Atualmente temos alguns tipos de antidepressivos, cada um com sua indicação específica de acordo com os sintomas. Os antidepressivos de um modo geral não causam sonolência, nem dependência e não precisam ser tomados para o resto da vida. Uma lembrança importante é que efeitos benéficos não se apresentam de imediato, necessitando de um período de duas a três semanas. Da mesma forma, deve-se ter em mente que o tratamento da depressão é de longo curso, levando em média de quatro a seis meses, podendo estender-se até um ano ou mais. Isso tudo vai depender da gravidade da doença e da resposta do paciente ao tratamento.

– E a psicoterapia, doutor?

– Bem, a psicoterapia é um instrumento terapêutico de grande importância, pois ajuda a pessoa a se conscientizar da doença e que precisa de ajuda e de se autoajudar, identificando em si mesma pontos importantes que possam ter contribuído para o desenvolvimento da depressão, ao mesmo tempo em que possibilita a elaboração de estratégias para driblar e solucionar esses fatores. Assim, de forma associada à alopatia, à homeopatia e à terapia com Florais de Bach, a psicoterapia leva o tratamento a uma interação sinérgica de excelentes resultados.

– Se notarmos que um amigo ou familiar apresenta sintomas de depressão, o que fazer?

– Em primeiro lugar Kai, deve-se compreender que a pessoa não tem culpa de estar deprimida e que ela não pode simplesmente sair dessa doença por conta própria. Tentar animar a pessoa deprimida, mostrando as coisas boas da vida, na maioria das vezes só piora o quadro. Você se sentirá frustrado e a pessoa deprimida se sentirá mais culpada ainda.

– Então, qual a melhor maneira de agir diante de uma pessoa que supomos deprimida?

– Bem Kai, algumas atitudes podem ser extremamente úteis: Escutar a pessoa deprimida, encorajá-la a falar sobre seus sentimentos, oferecer apoio (não tente resolver os problemas dela, apenas escute); não criticar, pois a pessoa deprimida é muito sensível e isso pode fazê-la desmoronar; não pressioná-la, não assumir as responsabilidades dela; não perder a paciência (a pessoa deprimida pode estar irritável); oferecer simpatia e compreensão e sugerir a ela que procure ajuda de um psiquiatra ou terapeuta competente, não se esquecendo, também, de convidá-la a buscar sua religiosidade.

– Dr. Eck, tenho visto nos dias atuais, que aumenta cada vez mais o contingente de pessoas em estado depressivo, vagando de consultório em consultório, sem esperanças de cura, com tristes prognósticos de internação em um hospital psiquiátrico. Formam uma grande leva de pessoas tristes, cansadas e desanimadas para quem a vida parece não ter lógica alguma e a morte parece ser uma tábua de salvação – concluiu Kai.

– É verdade, mestre Kai, isso acontece porque essas pessoas são levadas a fazerem o que não querem e não gostam, não sabem dizer "não". E quando dizem ou fazem coisas em que não acreditam, acabam morrendo aos poucos.

– Eu já reparei Dr. Eck que o senhor complementa sempre os tratamentos convencionais, sugerindo ao paciente que busque sua religiosidade, a caridade ao próximo como forma de tratamento...

– Como já lhe disse, Kai, a ciência médica, de modo geral, ainda carrega em seu bojo a filosofia cartesiana, mecanicista, e é materialista, não aceita o fato de que o ser humano seja formado de um corpo e um espírito que o domina e dirige, e que sobrevive à morte do corpo como individualidade livre e eterna. Isto porque os cientistas não conseguem ver e registrar a alma da mesma forma como identificam um feixe de músculos sob seus bisturis, ou mesmo porque seus instrumentos de análise não a percebem e sua observação direta não a identifica. O pensamento, que é o espírito em ação, para eles não seria nada mais do que o resultado do jogo das partes do cérebro, assim como uma secreção inteligente sem outras implicações fora da mente humana.

– Que triste realidade doutor! Estamos no final da década de 1970, a ciência procurando vida em outros planetas, com a pretensão de explicar a origem do Universo, e ainda não conhece o próprio homem, já que não descobriu ainda que ele não é apenas corpo, mas corpo, espírito e alguma coisa mais.

– Veja Kai, isto dois mil anos depois de Jesus ter trazido sua mensagem de eternidade da vida pela sobrevivência da alma, e nosso Pai Maior ter enviado, há 132 anos, a Doutrina Espírita codificada por Allan Kardec, que demonstrou experimentalmente a existência do Mundo Espiritual e sua interação com o Mundo Físico.

– Dr. Eck, o senhor acredita na influência dos espíritos na causa de transtornos mentais?

– Não só acredito como penso que todas as ciências que cuidam da mente como a psiquiatria, psicanálise e a psicologia, desde que não admitam o espírito, que é a essência do ser, jamais poderão explicar uma doença espiritual pelos seus métodos e sistemas de análise.

– Então, doutor, a depressão pode ser uma doença de origem espiritual?

– Sim, Kai, eu penso que pode ter sua origem espiritual a partir de um processo obsessivo, resultante do assédio persistente de espíritos inferiores e sofredores sobre a mente da pessoa. A meu ver, quem não acredita na alma não está em condições de conhecer a causa espiritual da depressão e muito menos de tratá-la de forma integral.

Kai indignado, completou:

– Daí essa situação triste de tanta gente consumindo custosos medicamentos para apenas minorar, controlar, "domesticar" o sofrimento, sem atingir a causa do problema.

– Correto, uma vez que não resolvem a questão de maneira eficaz, acabam danificando o organismo do doente, limitam sua capacidade mental e afetiva, tirando-lhe condições de trabalho e de sobrevivência, podendo transformá-lo em um peso econômico para toda sua família.

Dr. Eck coçou a cabeça e continuou:

– Na verdade, Kai, o que a medicina procura é minimizar os efeitos do comportamento do paciente, para que ele possa conviver melhor com as pessoas à sua volta e lidar de forma mais positiva com os acontecimentos da vida. O grande cuidado que a pessoa deprimida precisa ter é com a automedicação, porque esses medicamentos tomados de forma incorreta podem comprometer sua capacidade mental e física.

– Dr. Eck, e quando o medicamento não consegue controlar a depressão?

– Bem, Kai, quando isto ocorre, de forma geral, a família do deprimido, ignorando as causas espirituais de sua doença e cansada de suportá-lo, procura interná-lo num hospital psiquiátrico e é aí que coisas pioram ainda mais. O doente corre o risco de enlouquecer, tendo em vista interações medicamentosas que, se mal prescritas, podem ser destrutivas, além do convívio continuado com outros doentes mentais, também acometidos por graves influências espirituais negativas, as chamadas obsessões.

– Doutor Eck, mas por que os medicamentos são tão importantes nesse processo de tratamento da depressão, visto que a conscientização das causas e a abordagem espiritual da doença já podem resultar em grandes efeitos? – perguntou Kai, conferindo seu gravador.

– Os medicamentos têm a grande importância de equilibrar as funções da química cerebral e, dessa forma, apoiam o paciente a colocar a sua "casa interna" em ordem, para que ele possa promover mudanças de pensamentos e comportamentos em sua vida. A partir daí, entra a psicoterapia mostrando os caminhos para a autotransformação.

– Dr. Eck, voltando à questão espiritual, eu tenho mais uma dúvida: todo mundo é suscetível à influência dos espíritos? – questionou Kai, muito interessado neste tema.

– De modo geral, Kai, acredito que todas as pessoas podem ser influenciadas pelos espíritos que as rodeiam, no entanto, no meio da multidão, numa porcentagem cada vez mais crescente, há uma categoria de pessoas que, pelas predisposições de seu organismo e pelos seus compromissos de ordem espiritual, estão muito mais propensas a receberem a influência do mundo espiritual, a servirem de intermediárias entre os espíritos e os homens, gozando das mais variadas faculdades para esse intercâmbio. Vi muitas pessoas assim no Tibete. Elas são chamadas de médiuns, medianeiras, paranormais, justamente pela natureza de suas faculdades.

– E como reconhecemos estas pessoas, doutor?

– Caro Kai, é preciso deixar bem claro que ninguém nasce ou renasce com uma espécie de selo que o identifique como médium ou paranormal. Também é preciso esclarecer que para ser médium não há necessidade de que o indivíduo seja seguidor da Doutrina Espírita. Em momento oportuno, vou lhe contar das minhas experiências no Tibete com pessoas dotadas dessas faculdades que não eram sequer cristãs.

– Mais uma pergunta, Dr. Eck: o indivíduo já nasce dotado de faculdades mediúnicas?

– Sim, pode-se dizer que elas são inatas e acompanham a pessoa vida afora, sujeitando-a a todas suas implicações – pensamentos e fatos inusitados que ela mesma não compreende, e os outros muito menos. Essas faculdades podem desabrochar desde cedo, em tenra idade – geralmente a faculdade de ver (vidência) e a de ouvir (audiência), além de outra capacidade que o francês Allan Kardec chamou de "faculdade de sentir os espíritos".

– E tem muitas pessoas com essas faculdades, doutor?

– É enorme o número de pessoas dotadas de faculdades mediúnicas, Kai, de todos os gêneros, que desconhecem essa sua particularidade e são muito prejudicadas pelos espíritos inferiores que pululam ao nosso lado. Esses espíritos ligados ao mal não hesitam em imiscuir-se na mente dessas pessoas.

– Imiscuir-se como, Dr. Eck?

– Eles interferem nos interesses desses médiuns, impondo-lhes pesado fardo de provações, tais como a desarmonia familiar, provocação de brigas e de crimes, viciação de todos os gêneros, doenças e até mesmo a morte do corpo físico pela exaustão do fluido vital da pessoa atacada.

– E esses ataques, Dr. Eck, podem provocar a depressão no indivíduo?

– Sim, Kai, todas essas intervenções de espíritos malfazejos, de modo geral, podem provocar depressão na pessoa vítima desses ataques. Nesse caso, os indícios característicos da depressão se tornam bem evidentes – insônia, tristeza persistente, desânimo, alteração do apetite e do humor, fadiga, falta de energia, baixa produtividade, perda de prazer sexual.

– Então, doutor, podemos afirmar que a imensa maioria dos casos de depressão nasce de um processo obsessivo, da ação persistente e negativa de espíritos malévolos sobre a pessoa visada?

– Exatamente Kai, por isso, sempre sugiro aos meus clientes, seja qual for a religião deles, que façam um culto ao Evangelho, começando com uma prece dirigida a Deus, aos benfeitores espirituais e, seguindo a isto, a leitura (em meia voz) de um trecho (aberto a esmo) do Evangelho ou Novo Testamento e, terminando com uma prece de agradecimento a Deus. Sugiro ainda, que iniciem algum trabalho voluntário em sua comunidade religiosa, para que exercitem a caridade em favor de seus semelhantes mais necessitados. Isso, com absoluta certeza, os levará a uma autorreforma e ajustes de conduta íntima.

– E os tratamentos médicos e psicoterapêuticos seguem juntos, Dr. Eck?

– Corretíssimo Kai, é uma questão de bom senso levar tratamento médico e psicoterapêutico juntos ao tratamento espiritual que, com certeza, trarão ao doente o alívio de seus sintomas e uma esperança e até a cura total de sua doença.

– Parabéns doutor, ficou ótimo – disse Kai agradecido.

– Bom, então, vou encerrar com uma frase que resume a prevenção e a cura deste mal, que é de um amigo que conheci, através de Ang Ki durante minha estada no Tibete – ele se chama Tenzin Gyatso, e hoje é o atual Dalai Lama do Tibete: "Cultivar estados mentais positivos como a generosidade e a compaixão decididamente conduz a melhor saúde mental e à felicidade."

– Que beleza doutor! E o senhor, então, conheceu o Dalai Lama?

– Sim, e ele fugiu do Tibete por causa da perseguição dos chineses, quase na mesma época em que eu fui expulso de lá.

– Dr. Eck, essa história também precisa ser contada. Quando vamos gravar a esse respeito? – perguntou Kai, cheio de curiosidade.

Nesse momento, Guilherme, percebendo que o trabalho já chegava ao final, assomou à soleira da porta e os convocou ao almoço.

Dr. Eck agradeceu Guilherme e respondeu a Kai:

– Vamos por partes, mestre Kai. Ainda teremos tempo para falar sobre isso. Vamos almoçar agora?

Ambos se levantaram, ansiosos, pois o delicioso aroma do *eisbein* (joelho de porco), que Guilherme preparara, aguçava-lhes o apetite.

Os dois homens almoçaram sozinhos, pois Kristin estava na cidade a trabalho.

21

OS ANJOS DO HIMALAIA

"O mundo não está ameaçado pelas pessoas más e sim por aquelas que permitem a maldade." Albert Einstein (1879-1955) físico alemão

Durante o almoço, Dr. Eck perguntou a Kai como ele entrara em contato com seu livro *Os Anjos do Himalaia*.

E Kai falou ao doutor:

— Meu primeiro contato com o seu livro foi em 1965, ou talvez um pouco antes. Não me lembro quem me emprestou *Os Anjos do Himalaia*. Naquela época seu livro era muito conhecido na Áustria. Era discutido em pequenos círculos universitários, em segredo. Dr. Eck, que tal aproveitarmos para gravar o seu depoimento sobre a história de seu livro?

O sábio médico concordou e Kai, rápido, ligou novamente o gravador e o colocou sobre a mesa.

Dr. Eck pensou, olhou para cima como se buscasse lembranças perdidas e disse:

– Escrevi este livro em 1957, contando minha vida e meu trabalho junto ao povo tibetano, que vivia sob o jugo da ditadura comunista chinesa desde 1951. No livro, relatei as minhas atividades junto aos monges do Tibete que tinham uma característica paranormal ou mediúnica, o que lhes dava uma capacidade de, ao tocar objetos de pessoas desaparecidas, descobrirem o paradeiro delas, através de desdobramentos extracorpóreos. Muitas pessoas foram encontradas vivas, outras mortas. Mas, de qualquer forma era um conforto para as famílias, que viviam na dor, na dúvida e na incerteza por meses e até anos a fio.

Enquanto Dr. Eck parava para dar uma garfada em sua refeição, Kai disse:

– Mas esse trabalho de encontrar pessoas desaparecidas através de médiuns é muito inusitado...

– Sim, Kai, mas não era só este trabalho paranormal que os monges prestavam – casos extraordinários aconteceram na ala psiquiátrica do hospital em que eu trabalhava. Um deles foi o caso de uma mulher que veio de região remota do Himalaia, a qual diagnostiquei como esquizofrênica paranóide, uma situação muito grave e eu precisei submetê-la a uma série de eletrochoques que resultaram em uma leve melhora. Ela ficou reclusa no chamado "quarto forte" porque a agressividade dela era muito grande. Um dia, solicitei a um monge médium que viesse ao hospital para vê--la e me orientasse. Ele me disse que foi muito bom eu ter feito o eletrochoque nela. Lembro-me, como se fosse hoje, ele dizendo: 'Meu filho, você não imagina a quantidade de espíritos e formas pensamentos ligados a essa mulher, principalmente no topo de sua cabeça e, graças ao eletrochoque, grande parte destas entidades espirituais foi afastada dela.'

Kai nem piscava os olhos, de tão interessado nesse assunto. Mas prosseguia saboreando o prato principal.

Dr. Eck tomou um gole de vinho e prosseguiu:

– Meu amigo monge, então, recomendou que ela continuasse com a medicação neuroléptica, prescrita por mim, e disse que ele voltaria todas as manhãs para aplicar passes magnéticos nessa paciente. Poucos dias depois, esta moça melhorou tanto que pude dar-lhe alta.

– Que beleza doutor!

– Isso mesmo Kai! Depois dessa experiência, mudei minha maneira de atender as pessoas. Passei a associar a medicação – o nosso tratamento convencional médico – com tratamento espiritual, que era abundante naquela remota região, porque os casos de doenças mentais são realmente problemas causados pela obsessão, isto é, a atuação de entidades extracorpóreas. Na verdade, Kai, as pessoas que sofrem de doenças mentais são espíritos reencarnados que se comprometeram em vidas passadas com outros espíritos que, por sua vez, se transformaram em perseguidores invisíveis ou obsessores.

– Isso para mim é surreal, Dr. Eck.

— Sim, Kai, e o mais interessante de tudo é que esses chamados obsessores quase sempre são as verdadeiras vítimas de vidas passadas que não souberam perdoar e, assim, insistem na vingança.

Kai, encantado com tanta informação inusitada, disse:

— Por isso o seu livro ainda é tão criticado por seus colegas e psicólogos que não compreendem esta interação entre os vivos e os mortos. Alguns meses atrás, antes de conhecê-lo pessoalmente, fiquei sabendo que o senhor, Dr. Eck, comandava uma organização secreta que salvava pessoas perseguidas pelo regime chinês, enviando-as em segurança para fora do país. Isso é verdade?

Eck Barth, servindo-se de uma porção de purê de batatas, respondeu:

— Sim Kai, eu e mais três monges usávamos como fachada o meu trabalho médico no Hospital Geral de Lhassa, a capital tibetana naquela época. E contamos também com a amizade do embaixador inglês do país vizinho, o Nepal.

— Que vida emocionante, Dr. Eck! — exclamou Kai e, curioso, perguntou: — Quanto ao seu livro, como chegou à editora?

— Em 1957, terminei o esboço e enviei o manuscrito para meu amigo inglês, embaixador no Nepal. Ele gostou muito e me perguntou se podia enviá-lo a um amigo editor em Londres. Foi assim que, apenas um ano depois, meu livro havia sido publicado por uma tradicional editora inglesa.

— E quanto à sua prisão pelo governo chinês e sua volta para a Alemanha?

Dr. Barth com semblante melancólico explicou:

– Fui preso em finais de 1958, quando a polícia secreta chinesa descobriu nossa organização salvacionista. Meu amigo, o diplomata inglês, ficou sabendo e avisou ao meu editor inglês, que rapidamente mobilizou a imprensa europeia com a minha história. Em pouco tempo, órgãos de direitos humanos ligados à ONU e com o apoio da própria, começaram uma campanha para minha repatriação.

Ansioso, Kai perguntou:

– E como o senhor ganhou o Prêmio Nobel da Paz em 1959?

– Ficaram sabendo de minha história e a grande imprensa comandou uma campanha a meu favor, e meu nome foi aceito pelo comitê sueco que me agraciou com o prêmio. Embora não o merecesse, foi o que me salvou da execução certa e permitiu que voltasse com minha filha em segurança para a Europa. Além disso, esse prêmio fez com que eu ficasse conhecido mundo afora e meu livro se tornasse um bestseller – disse Eck Barth com simplicidade e modéstia.

– Disseram que o senhor doou os direitos autorais de seu livro para entidades beneficentes. É verdade, Doutor?

– Sim, mestre Kai, tenho a convicção de que este livro que escrevi foi inspirado por amigos espirituais. Eu sentia, ao escrevê-lo, presenças invisíveis e benfazejas, e esta obra foi elaborada com a finalidade de fazer a diferença na existência das pessoas, gerando mudanças na vida dos leitores. Por isso, por uma questão de foro íntimo, não poderia auferir proventos de uma obra que, a meu ver, foi escrita a quatro mãos.

Com respeito e entusiasmo, Kai disse ao doutor:

– Dr. Eck minha admiração pelo senhor aumenta ainda mais ao saber detalhes de sua biografia. O senhor ficou preso por mais de um ano, como foi sua vida numa prisão chinesa?

Eck Barth suspirou fundo, bebeu mais um gole do saboroso vinho tcheco, servido pelo prestativo Guilherme, olhou para o horizonte através da ampla janela da sala de refeições e disse:

– Mestre Kai, foi na prisão chinesa que vi de verdade a que tragédias o ódio pode levar o homem.

E continuou:

– Se consultarmos os anais da História Humana em nosso planeta, poderemos constatar a importância do ódio em nossa civilização, nestes últimos cinco mil anos que se seguem à invenção da escrita. Todas as guerras, assassinatos, roubos, enfim, tragédias sem nome, doenças físicas ou mentais, têm em sua gênese o ódio que foge do ponto de equilíbrio com seu irmão, o amor. Após o nosso almoço, vou contar-lhe alguns casos que conheci na prisão, exemplos vivos de seres humanos absolutamente normais que mergulharam no ódio e cometeram desatinos deploráveis.

Kai, cada vez mais curioso, ansiava por esse momento.

Mas, Dr. Eck sugeriu a ele que depois de terminada a refeição, eles fossem dar uma caminhada no bosque das proximidades para espairecerem um pouco.

Tomaram um cappuccino que Guilherme serviu e seguiram para o passeio.

22
QUANDO O ÓDIO LEVA A TRAGÉDIAS

"Quem ama ardentemente, também no ódio é violento."
Alexander Pope (1688-1744) poeta e escritor inglês

Na volta do passeio, Dr. Eck convidou seu pupilo para se acomodarem no escritório, onde estariam mais à vontade para conversar sobre as experiências dele na prisão chinesa.

— Fui preso em outubro de 1958 numa instituição carcerária em que estavam confinadas pessoas consideradas dissidentes e perigosas para o governo comunista chinês, no qual me incluíram. Junto a nós havia presos comuns, que cometeram assassinatos, furtos e latrocínios. Vivíamos num ambiente muito promíscuo e de grande sofrimento físico e moral. As execuções eram sumárias e injustas. Serviam para manter o medo e quebrar o moral e a esperança dos presos. Neste ambiente triste, eu procurava exercer a medicina do amor, da compaixão e era respeitado por todos. Conheci pessoas que me relataram seus dramas e angústias pessoais. Certo dia, conheci Chang Po, um jovem de 20 anos condenado por homicídio. Perguntei-lhe porque fora condenado e o rapaz me respondeu, melancólico: "Doutor eu esfaqueei minha esposa, ela foi socorrida e não morreu, mas matei meu melhor amigo porque descobri que os dois tinham um caso. Fiz isso para lavar minha honra. Naquele dia cheguei mais cedo em casa e peguei-a com ele em minha cama. Saí correndo e fui para a rua beber, fiquei desolado. Mais tarde quando voltei para casa ela estava só, chorando um choro falso. Lembrei-me do grande amor que dediquei a ela e fiquei com muito ódio. Peguei uma faca esquecida sobre a mesa e a esfaqueei seis vezes, mas ela não morreu. Saí de lá e fui para a rua, onde encontrei este meu amigo. Dei duas facadas nele. Ele implorou, mas eu deixei o ódio falar mais alto. Assisti sua aflição e senti prazer em vê-lo se debatendo em agonia, até morrer. Hoje, vejo que não valeu a pena. Não sou assassino, doutor, não sei o que me aconteceu, tudo foi tão rápido, tão estranho..."

– Que triste isso, Dr. Eck. E o senhor, o que disse a ele?

– Eu o exortei a não pensar mais naquilo, no passado, já que era impossível voltar no tempo. Pedi a ele que se perdoasse e rezasse para a deusa Agni Tara e falei: "Ela vai ajudá-lo e, daqui para frente, tome cuidado com 'o amar demais', pois quando amamos estamos sujeitos a odiar na mesma proporção." Ele concordou com minhas palavras, dizendo que realmente amara muito os dois – sua namorada e seu melhor amigo.

– Realmente, Dr. Eck, essa questão do sobe e desce entre o amor e o ódio é mesmo um drama existencial...

– Que drama, mestre Kai! Mas, voltando à prisão, encontrei também Boshay, um homem beirando seus 30 anos, preso por assassinato. Perguntei-lhe o que o trouxe à prisão. E o senhor Boshay respondeu com altivez: "Matei um amigo de infância porque ele me bateu no rosto. Um homem não pode apanhar no rosto, doutor. Nisso o meu sangue deu uma reviravolta, um tremendo ressentimento me subiu à cabeça. Pensei comigo: um homem não nasceu para apanhar na cara. Justo na minha festa de aniversário, esse amigo ficou com ciúmes, porque uma ex--namorada dele estava gostando de mim, e ele me deu um tapa no rosto. Depois, fui até meu dormitório e peguei uma pistola inglesa que herdei de meu pai. Voltei para festa e, quando ele me viu, sentiu algo estranho em mim e, instintivamente, começou a correr, mas não deu tempo. Acertei-lhe um tiro na nuca. Ele caiu morto instantaneamente. Fiquei atônito. Eu respeitava a amizade dele até o momento em que ele me agrediu. No mesmo instante que vi o corpo caído, percebi que tinha acabado com a vida dele e com a minha própria vida." Caso sério, mestre Kai. Eu tentei apoiá-lo em sua dor, dizendo a ele que isso era passado, que se perdoasse, pois, afinal, somos todos humanos e passíveis de erros. Na verdade, o autoperdão nesses casos é o remédio mais eficaz para diminuir a perturbação que acompanha essas pessoas que cometem crimes por desatino ou mesmo por orgulho.

E para todos eles, deixei essa lição que deixo agora para você: Do ser humano devemos esperar só duas coisas: coices e alfinetadas. O que vier de bom é lucro!

Kai, surpreendido com essa afirmação do Dr. Eck, refletiu e disse:

– É verdade doutor, se as pessoas soubessem disso teriam uma vida mais satisfatória, sem melindres bobos, sem esperar muito dos outros e focariam mais em si próprias, lembrando que o nosso destino está 100% em nossas mãos. Porém, falar é fácil... Mas no meu caso, Dr. Eck, é muito doloroso aceitar coices e alfinetadas daquelas pessoas de quem eu gostaria de receber só amor – meus pais!

– Calma, mestre Kai. Esse assunto sobre seus pais conversaremos antes da sua partida. Mas não pense que o seu caso seja incomum, porque não é. São muitos os filhos cheios de ódios de seus pais, pelos mais diversos motivos.

Eck Barth, com um olhar paternal, continuou seu relato:

– Agora vou encerrar com a história do carpinteiro Nawang, assassino da própria esposa. Encontrei-o no pátio da prisão, ele sentou-se ao meu lado e indaguei-o sobre o motivo de sua detenção. Nawang um tanto quanto desconcertado e sem graça, explicou, hesitante: "Matei minha mulher porque ela me traiu. Estava casado há cinco anos e já duvidava dela fazia um tempo, mas a amava com muita paixão. Trabalho com reparos e construções. Quase todo dia chegava do trabalho e ela nunca estava em nossa casa. Nós brigávamos muito por isso. Acabei me separando. Quinze dias depois, cheio de saudades dela e de nosso filhonho, tentei uma reconciliação, mas ela disse que não queria mais, porque já tinha outro. Eu disse que ela era uma vagabunda. Ela me chamou de 'marido traído' e contou que já me traía há muito tempo. Doutor, eu não aguentei... Tudo isso vindo da boca da mulher amada doeu muito. Senti meu sangue ferver de ódio, minha vista escureceu, estávamos na cozinha, ela lavava a louça, eu cheguei por trás, agarrei seu pescoço e só soltei depois que percebi o seu corpo sem nenhum movimento. Na hora do ódio, dá um apagão na cabeça da gente. Quando você volta a si, já aconteceu. Depois que a vi deitada no chão da cozinha, totalmente inerte, já morta, fiquei desesperado e me arrependi na mesma hora. Chamei a milícia. Todo dia eu me lembro dela e do meu filho, que agora não posso ver."

– Quanto drama, Dr. Eck – falou Kai, profundamente apiedado da situação.

–Sim, muito trágico, mestre Kai. Quando ele me contou, passei a mão em sua cabeça e, com um sentimento paternal, disse a ele: "Meu filho Nawang, você é um homem honesto e bom, o que fez está feito, não tem como mudar. Procure se perdoar e ore para a deusa da compaixão Kuan Yin, pedindo forças para enfrentar sua vida e as consequências que ainda estão por vir."

– Meu Deus, doutor. Estes são exemplos claros de como o ódio anda junto com o amor. E nos mostra, de forma cristalina, o momento em que o ódio cresce e o amor diminui de forma vertiginosa, exatamente como o senhor ensina.

– Kai, meu filho, se observarmos bem, as guerras e lutas fratricidas são, nada mais nada menos, do que a expressão de um ódio coletivo, de uma comunidade ou de um povo contra outras comunidades ou povos. Os exemplos são inúmeros. Se formos lembrar a história mais recente de nossa Humanidade, temos, por exemplo, a Primeira e a Segunda Guerra Mundiais – disse o Dr. Eck lamentando.

Kristin bateu à porta e foi entrando, com um ar faceiro. Disse que conseguira sair mais cedo do trabalho e trouxera um delicioso *strudel* de maçã feito pelo padeiro mais famoso de Bergkarmel.

Dr. Eck quis aproveitar a presença da filha e os convidou para um lanche. Guilherme preparou um chá de frutas vermelhas e, assim, os três se juntaram para uma conversa mais informal.

23

QUANDO O ABUSO É SILENCIOSO

"Faze aos outros o que tu queres que os outros façam a ti." Jesus

Na mesa, Kristin aproveitou o momento para comentar com o pai e com Kai sobre o que acontecera na escola, naquele dia.

— Papai, hoje aconteceu um fato muito sério na escola. Uma professora de violino foi demitida porque os diretores descobriram que ela estava humilhando um aluno de apenas dez anos. Os pais dessa criança fizeram a denúncia e, então, os fatos foram apurados pela diretoria que, sem a professora perceber, presenciou uma cena de abuso moral em relação ao aluno. Demissão sumária! — disse a filha do Dr. Eck.

Kai, bem à vontade, e sem querer perder uma lição sequer, perguntou a Kristin se poderia ligar o gravador para gravar a opinião do Dr. Eck. Com a resposta afirmativa de Kristin, Kai disse:

– Realmente, casos assim são mais comuns do que imaginamos, não é Dr. Eck? O acossamento, a ameaça ou a intimidação são maneiras que as pessoas em condições de exercer o poder se utilizam para assediar alguém mais fraco ou subalterno. E o pior é que isso acontece no seio familiar, no meio profissional, entre colegas, nas instituições religiosas e principalmente no ambiente escolar.

– Mas papai, quem pratica esses abusos provavelmente são pessoas com distúrbios mentais, não são? – Kristin queria aprofundar-se nesse tema.

– Bem Kristin, pessoas que exercem este tipo de atitude covarde, a meu ver, apresentam um transtorno de personalidade antissocial, em que demonstram um padrão social de comportamento irresponsável, explorador e insensível, constatado até pela ausência de remorsos, o que é muito sério – disse o Dr. Eck com firmeza.

Dr. Eck, com um olhar preocupado, continuou:

– O que acontece é que essas pessoas que agridem de forma verbal ou física, intencional e repetitiva, muitas vezes sem uma motivação plausível, aproveitam-se de uma relação desigual de forças ou poder, na qual a vítima de suas agressões não tem condições ou capacidade de se defender. Em minha experiência clínica de muitos anos, estes *abusadores* – como os chamarei daqui em diante – trazem um ódio de sua vida familiar e o transferem para algum colega, parceiro, ou mesmo aluno que parece mais suave, mais delicado, mais generoso aos seus olhos. Este, por sua vez, ao sofrer o *abuso*, poderá desenvolver dentro de si uma autoculpa e um ódio por si próprio – com uma diminuição significativa de sua autoestima e autoconfiança e um ódio mortal por seu *abusador*, até que, se não for tratado a tempo, começará um processo de distanciamento do mundo real. Com isso, no futuro, poderá também se tornar um *abusador* devido ao ódio que guarda por tanto tempo. Daí a importância do perdão.

– Por mim, perdão deveria ser matéria obrigatória nas escolas – comentou Kristin.

Kai olhou para ela com carinho e pensou: "Que vontade de estar a sós com Kristin e poder dizer a ela o quanto a admiro... Acho que estou envolvido... Isso só pode ser amor..."

Foi a própria Kristin quem o afastou desses pensamentos, relatando:

– Kai, quando eu era criança, na escola de Lhasa, no Tibete, passei por essa experiência porque eu era muito estudiosa e tinha umas colegas de aula que não se sentiam bem com as respostas certas que eu dava. Então, começaram a esconder meus livros e foi muito perturbador. Meu pai teve que interceder e para me ajudar a superar o ódio que fiquei dessas meninas, ele me ensinou a perdoar. Quem não perdoa carrega o inimigo nos pensamentos dia e noite, e isso ninguém merece... – falou Kristin, percebendo a admiração de Kai.

Dr. Eck, divertindo-se com aquela troca de olhares entre os dois, explicou:

– Em geral, a vítima tem medo do *abusador* em razão das ameaças ou mesmo a concretização da violência, física ou sexual, ou, dependendo do caso, temor em perder os meios de trabalho.

Kai, feliz por ter mais esse tema para o seu trabalho com o Dr. Eck, e muito curioso, perguntou:

– E quais são as características destes chamados *abusadores*?

– Os *abusadores* geralmente são pessoas que têm pouca empatia em suas relações interpessoais, vêm de famílias desestruturadas, em que o relacionamento afetivo entre familiares tende a ser frio e precário. Por outro lado, o alvo destes agressores geralmente são pessoas pouco sociáveis, com baixa capacidade de reação ou de fazer cessar os atos prejudiciais contra si mesmo e possuem forte sentimento de insegurança, mas são orgulhosos, o que os impede de pedir ajuda. As crianças ou adolescentes que sofrem *abusos* podem se tornar adultos com transtornos de personalidade ou sociais e com baixa autoestima e autoconfiança. Em casos extremos, a vítima poderá tentar ou cometer suicídio ou ainda como se vê raramente, sair matando pessoas para logo a seguir praticar o suicídio.

– Isso é muito dramático, papai. Se esses *abusos* não forem contidos poderão se tornar um transtorno de escala mundial em futuro próximo, visto que podem ocorrer em praticamente qualquer contexto em que exista interação de pessoas.

Então Kai comentou:

– Já acompanhei muitos casos e vejo que há uma tendência no meio escolar, principalmente nas escolas religiosas com internatos, em não admitirem a ocorrência do *abuso* entre seus alunos – ou desconhecem o problema ou se negam a enfrentá-lo. Eu imagino que isso aconteça por receio de uma propaganda negativa, o que pode ser um "tiro no próprio pé", pois a ocorrência do *abuso* nos internatos, em escolas privadas ou públicas se espalha no "boca a boca" e aí sim, irá depor contra o estabelecimento escolar que se faz omisso. Esse tipo de agressão geralmente ocorre em áreas onde a presença ou supervisão de pessoas adultas é mínima ou inexistente, ou pior, conivente.

Eck Barth acrescentou:

– Podem ser incluídos também, no abuso, os apelidos pejorativos criados para humilhar os colegas e muitas vezes, criados até pelo próprio professor. As pessoas que testemunham o abuso, na grande maioria alunos, convivem com a violência e se silenciam em razão de temerem se tornar as "próximas vítimas" do abusador. A verdade é que, quando não ocorre uma intervenção assertiva contra o abuso, o ambiente escolar fica contaminado e os alunos, sem exceção, são afetados negativamente, experimentando sentimentos de medo, ansiedade e angústia.

E Kai perguntou a ele quais seriam em sua opinião as medidas a serem tomadas para atacar a causa e a consequência do abuso nas escolas, empresas e nos lares.

E o Dr. Eck com sua simplicidade e coerência falou:

– Bem, caro Kai, em primeiro lugar as medidas tem que ser tomadas contra o abusador. Impondo sanções e coibindo o comportamento inadequado. O próximo passo, a meu ver, é encaminhá-lo para um acompanhamento psicológico, no qual deverá ser abordado o relacionamento familiar, investigando a possibilidade de ter havido abuso por parte de parentes, tais como, o papai ou a mamãe, os avós, tios, primos, etc. E dando sequência, mostrar para ele que o ódio é um sentimento humano e absolutamente normal, e recomendando a este indivíduo a importância e as vantagens de se exercitar o perdão como uma "ferramenta" para a sua felicidade e prosperidade futura. E não se esquecendo de recomendar ao *abusador*, que busque praticar uma religião que melhor atenda à sua necessidade interior.

– Maravilha doutor!

– Então a meu ver, Kai e Kristin, o principal tratamento, tanto para o *abusador* quanto para o *abusado*, é a conscientização do ódio que carregam dentro de si e lembrar o Cristo quando disse: "Perdoar não sete vezes, mas setenta vezes sete vezes", isto é, praticar sempre o exercício libertador do perdão.

Kristin, percebendo que aquela conversa poderia não ter mais fim, disse:

– Aposto que vocês nem viram o tempo passar, já são quase cinco da tarde. Vamos descansar e observar o pôr do sol que é lindo nesta época do ano. Falta muito assunto ainda para o seu trabalho, Kai?

– Olhe, Kristin, na verdade já abordamos mais temas do que eu imaginava. Estou pensando em, amanhã, aprofundar com Dr. Eck sobre a reconciliação.

– Bom tema, mestre Kai, mas não se esqueça que, se você quiser, podemos falar um pouco sobre o seu tumultuado relacionamento com seus pais – disse o bondoso médico.

Kristin, mais do que depressa, interveio:

– É verdade, Kai! Aproveite a sabedoria do papai e conte a ele o que você me contou sobre sua mãe. É muito sério e você precisa superar tudo isso...

– Claro, Kristin, jamais perderia essa oportunidade... – concluiu Kai.

Seguindo o convite de Kristin, os três se levantaram, e a pretexto de deixá-los a sós, Dr. Eck alegou um afazer urgente e, discretamente, encaminhou-se para o escritório.

Kai e Kristin, depois de pegarem seus agasalhos, saíram em direção ao caramanchão do jardim e sentaram-se em um pitoresco banco de pedra.

Poucas palavras, porém muitos olhares... Mãos entrelaçadas, Kai e Kristin, depois de tanta espera, só queriam namorar.

Kai, apaixonado, se declarou:

– Não posso mais guardar esse sentimento, linda Kristin. Eu a amo demais!

Kristin, com cara de adolescente, sorriu tímida. Mas não dava mais para esconder:

– Eu também Kai, eu o amo muito! Desde que o vi, no primeiro dia, percebi que nosso encontro era fruto de uma sincronicidade do Universo...

E assim, aproveitaram o colorido e gelado entardecer para sonharem com um futuro juntos.

Quando Kai e Kristin voltaram para casa, à noite já caída, entraram e encontraram a mesa posta para uma leve refeição.

Dr. Eck, sentado na cabeceira da mesa lendo um livro, interrompeu a leitura e saudou-os com alegria.

Depois de terminada a ceia, Kristin se levantou e foi até a cozinha. Pediu a Guilherme que servisse a sobremesa e se dirigiu para a sala de estar. Lá, ela ligou a eletrola e colocou para tocar o disco do momento – dos Bee Gees, que até seu pai também gostava.

O doutor, ao som de "How deep is your love", com seu profundo conhecimento da alma humana, notou as segundas intenções de Kristin, virou-se para Kai e disse:

– Mestre Kai, quero que saiba que eu tenho muito gosto pelo seu namoro com Kristin.

Pego de surpresa, Kai ficou vermelho como um tomate maduro. Pigarreou, tossiu e disse ao doutor que amava Kristin. Neste instante, ela entrou e sentou-se novamente em seu lugar. Kai, tocando de leve em sua mão direita, disse:

– Kristin, minha querida, seu pai acabou de me dizer que concorda com nosso namoro.

Os três se entreolharam, sorrindo de felicidade.

Dr. Eck se levantou e se despediu dos dois dizendo que ia se recolher.

Kai pegou as mãos dela e levou aos lábios beijando-as com doçura e paixão.

Após o jantar, Kai e Kristin passaram algumas horas em frente à lareira, namorando e planejando um futuro a dois.

Apaixonados, um não queria largar o outro, porém, precisavam descansar porque Kai teria muito trabalho no dia seguinte.

24
O SONHO

> *"Dentro de cada um de nós há um outro que não conhecemos. Ele fala conosco por meio dos sonhos."*
> Carl Gustav Jung (1875-1961) escritor e psiquiatra suíço

De madrugada, já deitado em seu leito, Kai fazia planos de um futuro casamento. Sendo ele e Kristin maduros, com o tempo correndo célere e inflexível sobre eles, era hora de pedir sua amada em casamento.

Ele sempre sonhara em constituir família, ter filhos, ser avô. Certo de seu amor por Kristin, Kai pensou: "Se reencarnação é uma realidade, como diz o Dr. Barth, com certeza eu já partilhei uma existência passada com Kristin e seu querido pai que, agora também, posso considerar como meu."

Kai refletia, cheio de gratidão, sobre o aprendizado que fruía naquele recanto de paz e espiritualidade. Chegou até a imaginar a falta que Dr. Eck Barth faria quando partisse. Algo no fundo de seu íntimo dizia que seria para breve. Kai sentiu uma angústia profunda e começou a orar. Pediu a Deus que aquela sensação desaparecesse. E dormiu. Sonhou que estava voando e havia pousado no cume de uma montanha muito alta, quando sentiu um leve toque em seu ombro direito, virou-se e viu Eck Barth. Ele o olhava de forma meiga e profunda, aureolado por uma tênue luz azul. E lhe falou de forma doce e firme:

Kai, filho do meu coração, como já adivinhaste em sua alma sensível, não terei mais muito tempo preso neste corpo, já gasto pelos anos. A cardiopatia que me surpreendeu será o meu anjo libertador. Sua vinda até minha casa não foi obra do acaso, pois o acaso não existe. Minha alma e a de minha filha já o esperavam. Seja bem-vindo, meu filho, passo-lhe meu legado profissional e meu tesouro maior, que é Kristin. Terá ao lado dela uma vida longa e poderão fazer juntos uma grande diferença para este mundo. E lembre-se, a morte não existe como tal, é apenas uma mudança de endereço, estarei com vocês dando todo meu apoio e auxílio possíveis. Principalmente com você meu filho, falarei através de sua intuição, que estará, a partir de agora, cada vez mais ativa e sensível. No futuro ainda distante, nos reuniremos novamente, no plano da Vida Maior, para comemorarmos todos juntos o cumprimento das tarefas a nós confiadas pelo Divino Mestre Jesus. Farei chegar às suas mãos os livros do francês Allan Kardec, para que os estude e avalie.

Neste momento, Kai sentiu-se caindo num vazio e acordou assustado.

Deitou novamente e dormiu pensando neste estranho sonho que se esvaía de sua memória e deixaria apenas uma vaga lembrança de que sonhara com algo muito importante.

O dia amanheceu claro e bonito, os três encontraram-se na sala de refeições, alegres e confiantes, exceto Kai, que sentia indefinível angústia, cuja causa adivinhava ser o sonho que tivera na madrugada.

Kristin despediu-se e foi para cidade fazer compras.

Eck Barth, notando uma preocupação no semblante de Kai, ofereceu-se para apoiá-lo.

Kai falou sobre o sonho que tivera na madrugada passada, do qual não se recordava, mas o havia deixado angustiado.

Dr. Eck explicou:

– Caro Kai, o sonho, além de ser uma separação momentânea do espírito de sua matéria carnal, é também a fonte principal de descarregamento do cérebro humano. Eu costumo dizer que é a permissão dentro da proibição.

Kai, atento, escutava.

E o doutor continuou:

– Em um sonho é permitido tudo aquilo que gostaríamos de fazer, de ter em nossas mãos, mas somos de tal forma proibidos por nossos códigos éticos e morais – ações que não temos como fazer, onde fazer e como fazer no estado de vigília. Por exemplo: Matar, roubar, trair, voar, morrer, sarar de uma doença ou mesmo adoecer, festejar, brigar, cair numa queda profunda, correr rapidamente sem cansar, etc. Como podemos ver, o sonho é fundamental em nossas vidas, tanto no aspecto físico, quanto, principalmente, no psicológico. Tanto que já foi mostrado e provado em diversas experiências científicas que, se o indivíduo ficar sem dormir por poucos dias, não tendo meios de sonhar, o cérebro vai ficando sobrecarregado, estressado, chegando a uma irreversível falência cerebral e consequente morte do indivíduo.

Kai ficou satisfeito com a informação, porém triste porque queria muito se lembrar com clareza do que sonhara. Em vão.

Dr. Eck o convidou para irem trabalhar no escritório e pediu a Guilherme que deixasse uma jarra de suco sobre a mesa, para eles irem tomando ao longo da manhã.

25
UM DRAMA EM FAMÍLIA

"Todas as famílias felizes se assemelham; mas cada família infeliz é infeliz a seu modo." Lev Tolstói (1828-1910) escritor russo

No caminho do escritório, atrás do Dr. Eck, Kai pensava: "Ah, como quero me casar com Kristin... Mas ela deixaria seu pai sozinho? Agora, tendo conhecido Eck Barth, e sentindo um amor filial por ele, também não quero deixá-lo." Este impasse o angustiava, pois tinha uma vida em Klareswasser. Seu trabalho, seus clientes e amigos...

Sentado de frente para Kai, no aprazível escritório, Dr. Eck, carinhoso, disse:

– Mestre Kai, nessa manhã quero conversar com você sobre seus pais e a relação de vocês. Não pense que estou sendo invasivo, mas foi Kristin quem me pediu para insistir com você nessa questão.

— Sim, Dr. Eck, preciso muito de sua ajuda. Estou envenenado de ressentimentos e justamente contra uma pessoa que eu deveria amar acima de qualquer coisa — minha mãe. Assim, além de ressentimentos, sinto também muita culpa por ter me afastado dos meus pais — disse Kai, aborrecido. E completou falando ao médico que, mesmo sendo esse um assunto muito pessoal, ele iria gravar para não perder uma palavra sequer da sabedoria do psiquiatra que tanto estava lhe ensinando naqueles dias.

— Kai, antes de você me contar, quero só que perceba que você está preso a uma crença limitante e isso é extremamente prejudicial à sua vida.

— Como assim, Dr. Eck?

— Em primeiro lugar, mãe e pai são seres humanos, e como eu já lhe disse antes, se quisermos ser felizes, sem mágoas no coração, devemos esperar apenas duas coisas das pessoas, sejam elas quem forem...

— Já sei, Dr. Eck: coices e alfinetadas — disse Kai, sorrindo.

— Isso mesmo! O que vier de bom dessas pessoas é lucro! Portanto, mestre Kai, é muito mais comum do que você pensa filhos odiarem os pais, até porque os pais são as primeiras pessoas que um filho, começando sua experiência de vida, aprende a amar! Assim, serão eles — os pais — os primeiros a causar decepções na vida de todos nós.

Kai explicou ao médico que desde jovem não se relacionava bem com os pais, mais pela sua mãe, que tinha um apego neurótico a ele.

Dr. Eck falou:

– Kristin, sabendo que eu poderia apoiá-lo nesse problema, me contou sobre a conversa que vocês tiveram a respeito de sua mãe. Isso mostra, mestre Kai, que a senhora sua mãe tem o que o psicanalista suíço Raymond de Saussure, falecido em 1971, chamou de "Complexo de Jocasta". Este complexo mostra a ligação afetiva deturpada que algumas mães sentem por seus filhos. Uma forma de amor que pode variar desde a superproteção com características simbióticas, até fixações sexuais em relação ao filho.

– Isso mesmo, Dr. Eck. Minha mãe interferiu de forma contundente em todos os meus relacionamentos com outras mulheres, causando grandes ressentimentos. Tenho medo de dizer isso, mas ela não deve ser normal... Sofro ao admitir, mas eu sou um exemplo perfeito daquilo que o senhor fala – eu sinto ódio por minha mãe! Meu pai é um bom homem, mas fraco diante daquela mulher manhosa e dominadora. Ele vivia a política da boa vizinhança e como diziam os franceses *"laissez faire, laissez aller, laissez passer"* (deixai fazer, deixai ir, deixai passar). Sem cobrança por parte do meu pai, minha mãe nunca precisou mudar nada em sua vida. Não aguento mais esse ódio, Dr. Eck. É como um lixo que eu carrego há mais de vinte anos.

– Me diga, Kai: alguma vez sua mãe se arrependeu das atitudes que o prejudicaram ao longo da vida? Ou seja, você já notou algum sinal de remorso em sua mãe? – perguntou Dr. Eck, perspicaz.

– Nunca, Dr. Eck. Minha mãe nunca pediu perdão por nenhuma atitude e nem demonstrava nenhuma forma de arrependimento. Ela tinha um choro falso que para mim era puro teatro. Ficava dizendo, chorosa, que fazia tudo isso para o meu bem... Eu entendi o que o senhor quer saber com essa pergunta, Dr. Eck, mas só de pensar nisso sinto um arrepio na espinha – disse Kai, assustado.

– É, mestre, mas pelo que tudo indica e por tudo que a Kristin já me contou sobre o que a sua mãe foi capaz de fazer com você, para mim ela é uma psicopata – disse o médico com toda a franqueza e compaixão que lhe eram peculiares.

– Sempre pensei muito a esse respeito, Dr. Eck, mas evitava me aprofundar nesse assunto por não saber como agir diante da triste verdade. Já que estamos falando sobre a psicopatia, vamos explorar mais este transtorno de personalidade que, a meu ver, é mais comum do que imaginamos.

– Muito comum mesmo, mestre Kai. Conheço casos e mais casos de vítimas de psicopatas. Há muita confusão entre doença mental e psicopatia. O psicopata não é um doente mental da forma como nós o entendemos. O doente mental é o psicótico, que sofre com delírios, alucinações e não tem ciência do que faz. Vive uma realidade paralela. Quando comete crimes, tem atenuantes legais. Por outro lado, o psicopata sabe exatamente o que está fazendo. Ele tem um transtorno de personalidade e, não uma doença mental. É um estado de ser, no qual existe um excesso de razão e ausência de emoção, de sentimentos. Ele sabe o que faz, com quem e por quê. Mas não tem empatia com ninguém – a capacidade de se colocar no lugar do outro.

– Então, Dr. Eck, em sua opinião, quais são as características mais relevantes para qualquer pessoa conseguir identificar se está convivendo com um psicopata?

– São bem claras essas características, Kai: o psicopata é uma pessoa que não respeita normas e obrigações sociais; costuma mostrar-se amigável, envolvente, e fala daquilo que seu interlocutor "quer ouvir", principalmente quando é do seu interesse; tem baixa tolerância à frustração e facilmente explode em atitudes agressivas e violentas, principalmente quando é surpreendido ou descoberto em pequenos ou grandes delitos; é incapaz de assumir culpa ou se responsabilizar pelos seus erros; tem tendência a culpar os outros ou defender-se com raciocínios lógicos; geralmente, tem uma inteligência acima da média; seu egoísmo é patológico; suas emoções são superficiais e falsas; falta-lhe empatia com outros seres humanos; ausência de sentimentos de remorso e de culpa em relação ao seu comportamento; sente prazer em maltratar animais; é uma pessoa geralmente cínica, incapaz de manter uma relação leal e duradoura; é manipuladora e incapaz de amar.

– Que é isso, Dr. Eck? Incapaz de amar? – comentou Kai, perplexo.

– Sim, mestre, e, da mesma forma, é incapaz de odiar. Ele é frio, sem sentimentos. O psicopata é exageradamente mentiroso e, sem constrangimento ou vergonha, subestima a insensatez das mentiras, rouba, abusa, trapaceia, manipula dolosamente seus familiares e parentes, coloca em risco a vida de outras pessoas e, decididamente, nunca é capaz de se corrigir.

– Como assim, Dr. Eck? Nunca é capaz de se corrigir?

– Sim, ele é incapaz de aprender com a punição ou incapaz de modificar suas atitudes. É claro que há várias gradações de psicopatia, desde os socialmente perniciosos, passando pelas personalidades odiosas, até criminosos brutais. E tem mais, mestre Kai: quando o psicopata descobre que sua farsa já está desmascarada, ele é capaz de dar a falsa impressão de arrependimento, falseia dizendo que mudará "daqui para frente", mas nunca será capaz de suprimir sua índole maldosa. Não obstante, ele é artista na capacidade de disfarçar, de forma inteligente, suas características de personalidade. Ele costuma dissimular perfeitamente a intenção agressiva e violenta quando está fora do reduto doméstico (onde ele é um verdadeiro tirano), e costuma agir sorrateiramente nas suas relações sociais. Trata-se, de fato, de uma agressão predatória, fria e bem planejada, intencional e nada emocional.

– Dr. Eck, quando descobrimos um psicopata em nossa convivência, como fazer para desmascará-lo? – perguntou Kai, cioso de aprender esse tema.

– Na minha opinião, mestre Kai, nunca devemos tentar desmascarar pessoalmente um psicopata, porque ele é perigoso e consegue, de forma ardilosa, reverter o quadro, fazendo com que você pareça um louco ou mesmo um criminoso. Quando atendo pacientes vítimas de psicopatas, eu os aconselho a apenas se afastarem desses predadores, sem jamais revelarem a eles sua descoberta ou ameaçá-los de alguma forma. Caso as vítimas tenham sido lesadas pelos psicopatas, que recorram a um apoio policial ou jurídico, que poderá protegê-las em caso de retaliação – disse o médico, com muita seriedade.

– Ouvindo essas características que o senhor citou, fiquei pensando... Muitas personalidades conhecidas no campo da política, da polícia, das finanças e do mundo corporativo podem ser psicopatas.

— Isso mesmo! A sorte é que apenas uma pequena parte dos psicopatas se transforma em criminosos violentos, estupradores e assassinos seriais. O que caracteriza o psicopata não é o nível do crime, mas a forma como ele o comete, a predisposição para planejar e executar sem nenhum sentimento em relação à vítima. Muitos psicopatas não matam pessoas, mas "matam" as vidas afetivas e financeiras delas, prejudicando-as de forma irreversível, mas sem matá-las fisicamente. Um exemplo são os estelionatários que aplicam pequenos e grandes golpes, alguns políticos corruptos etc. Não sei se você se lembra, mestre Kai, mas na década de 1960 surgiu nos Estados Unidos um movimento chamado de antipsiquiatria que, devido ao fato de os psicopatas não demonstrarem sintomas como uma doença mental qualquer, recomendou que eles fossem excluídos das classificações psiquiátricas. Dizia-se, na época, que a alteração do psicopata era de natureza moral e ética e, para problemas éticos, as soluções tinham que ser éticas – encarceramento – e não médicas.

Kai, ouvindo com muita atenção e associando, o tempo todo, essas explicações do Dr. Eck ao comportamento estranho de sua mãe, perguntou ao médico se existia alguma forma de tratamento para a psicopatia.

Dr. Eck Barth, grande estudioso da alma humana, respondeu paciente:

— Entre os profissionais da saúde mental de que tenho notícias, há um amplo consenso de que a psicopatia é intratável. Na minha experiência, psicopatas não mudam com a ajuda psicoterapêutica, porque eles mentem o tempo todo para o terapeuta, tentando manipular o próprio profissional. Então, eu costumo dizer aos familiares que convivem com esses "lobos" travestidos de "ovelhas" que a melhor maneira de se proteger desses predadores é sabendo dizer "não!", de forma assertiva e sem culpa. Eles detestam escutar um "não", e, nessa hora, costumam se colocar na posição de vítimas. Dessa forma, atentos, os familiares devem exercitar a religiosidade e dedicar a essas pessoas suas preces. Como ensinou o pastor e escritor norte-americano Dr. Norman Vincent Peale, quando você se deparar com qualquer pessoa complicada e difícil, imagine a figura de Jesus Cristo ao lado dessa pessoa e procure vibrar com sentimento de compaixão.

– Bonito isso, Dr. Eck, mas pelo que vejo, nunca podemos nos descuidar quando temos por perto um psicopata. Quando temos ligação afetiva com eles, fica muito mais difícil detectar esse transtorno em seu comportamento. Veja o só o meu caso, o quanto eu fugi dessa verdade. Dr. Eck, mais alguma característica dos psicopatas que ficou faltando citar?

– Sim, tem mais: eles falam muito de si mesmos, têm postura arrogante e intimidadora por um lado, mas são charmosos e sedutores por outro. Costumam contar histórias tristes, em que gostam de aparecer como heróis e generosos. Manipulam as pessoas por meio de bajulação e elogios desmedidos. No ambiente corporativo, os líderes também podem ser psicopatas, assediando moralmente seus funcionários. Um dado interessante é que eles não sentem compaixão, pena, remorso. Mas sabem, de forma cognitiva, o que é ter esses sentimentos. Daí representarem tão bem – e às vezes exageradamente – o papel de vítima.

— Perfeito, Dr. Eck. E quais são as vítimas preferenciais desses predadores?

— A maioria das vítimas quase sempre são pessoas carentes de afeto familiar, generosas, em especial aquelas que não sabem dizer "não" e, também, não acreditam no mal e, assim, costumam tentar justificar as más atitudes de todo mundo. Enfim, são os chamados "bonzinhos".

— Que orientações importantes o senhor está expondo, Dr. Eck! Voltando ao caso de minha mãe, sinto muito medo de que ela estrague o meu relacionamento com Kristin. Eu amo sua filha e quando a vi pela primeira vez foi como um *déjà vu*, como se já a conhecesse de algum lugar, talvez de uma vida passada. Tenho essa mesma sensação em relação ao senhor, como se o Universo conspirasse para nos reunir nesta bela montanha. Quero me casar com Kristin, mas preciso saber lidar com o ódio que sinto pela minha mãe.

— Caro Kai, desde que recebi sua carta me solicitando uma entrevista, eu já pressentia que reencontraria um filho que há muito não via. Quanto a mim, já está dada a minha benção para sua união com minha filha – disse Dr. Eck com alegria e continuou: – Quanto ao seu ódio, vamos conversar sobre isso...

— Sabe, Dr. Eck, eu penso que foi por causa do ódio que sinto pela minha mãe que eu sempre tive dificuldade em meus relacionamentos amorosos – falou Kai com um ar de tristeza no semblante.

— Kai, o ódio pelos pais produz o que chamamos de figuras fantasmáticas, que é uma projeção do objeto do ódio na pessoa do cônjuge. Então, se o filho tem ódio da mãe, ele pode projetar a figura dessa mãe em sua esposa, e o mesmo pode acontecer quando a filha tem ódio do pai – ela projeta a figura do pai em seu marido. Isso que acontece entre os casais pode destruir seu relacionamento.

– O senhor pode ser mais claro ainda, Dr. Eck, dando um exemplo?

– Então, vamos lá: Imaginemos você num momento de intimidade e aconchego com Kristin. Talvez uma palavra mal colocada ou agressiva que ela diga fará surgir o fantasma, a figura fantasmática de sua mãe, diante de você, de sua retina mental, com todos os defeitos que ela tem e, aí, nesse momento, a Kristin que você ama desaparece, cedendo lugar à imagem de sua mãe. E a confusão se estabelece entre vocês dois.

– O senhor tem razão, Dr. Eck. Isto já aconteceu comigo em diversas ocasiões. O subconsciente nos prega peças – disse Kai, preocupado.

– Esta é uma realidade nua e crua que vi durante anos acontecer com casais que vieram ao meu consultório e, quando notava que a figura fantasmática estava destruindo o casamento deles, eu recomendava para a esposa que quando o seu marido tivesse para com ela algum comportamento inadequado e implicante, ela deveria dizer, olhando no fundo dos olhos dele, a seguinte afirmação: "Eu não sou sua mãe!" E o marido falar da mesma forma para esposa, quando ela implicar com ele: "Eu não sou seu pai"!

– E quando o casamento já está se deteriorando? – perguntou Kai atento.

— Bom Kai, se o relacionamento já está complicado e caminhando para a desintegração, o que recomendo é que os dois utilizem um caderno — de preferência um caderno de capa dura, por ser mais durável — para anotar os comportamentos que julgarem inadequados de um e do outro. Por exemplo, se o marido faz ou diz alguma besteira, a esposa escreve sua reclamação no caderno e mostra para o companheiro, com a ressalva de que ele não verbalize a resposta, e peça para que a resposta também seja por escrito. Se ele insistir em falar, a esposa deve dizer a ele: "Eu não quero ouvir a sua voz."

— Mas porque ela não deve ouvir voz dele? — perguntou Kai curioso.

— Porque, segundo o sábio Ang Ki dizia, os espíritos obsessores, os chamados perseguidores, se utilizam da palavra verbalizada — ela tem um magnetismo próprio. E toda vez que o marido ou a esposa falam um com o outro de forma agressiva, neste momento, os espíritos inimigos do grupo familiar se divertem com a desagregação do lar. Vejamos, por exemplo, um marido que é muito perfeccionista e gosta das coisas sempre no devido lugar. Em dado momento, a entidade obsessora, antes que o marido "perfeccionista" chegue em casa, "corre" ao ouvido dele e fala: "Olhe, sua mulher colocou o objeto 'X' onde você não gosta; chegando em casa, procure o objeto e chame a atenção dela com um grito irritante". Isto, Kai é uma ordem pós-hipnótica. E quase ao mesmo tempo este mesmo espírito vai até a esposa deste marido, e diz "ao ouvido" dela, que ponha o objeto "X" no lugar que seu esposo não gosta, porque ele está chegando em casa. E a esposa, sem saber ao certo, cede à sugestão hipnótica da entidade.

— Isso é uma coisa impressionante, doutor Eck.

— É realmente impressionante Kai, e o marido chega, vê o tal objeto fora do lugar e, logo a confusão se estabelece dentro de casa, ambos brigando e discutindo por um motivo tão fútil e banal, mas bem engendrado pelos espíritos malfazejos. Por isso que é importante o caderno de anotações, o culto do Evangelho no Lar todos os dias, manter a proteção espiritual no lar. Hoje em dia as igrejas das várias denominações existentes oferecem aos seus fiéis oportunidades de trabalhos voluntários dentro do exercício da caridade, como visitar doentes, asilos, orfanatos e hospitais. Enfim, as famílias precisam participar das tarefas benemerentes em sua comunidade religiosa. E lembrar que o casamento é coisa séria, porque são seres humanos envolvidos. Infelizmente, nós temos a mania de querer mudar as pessoas, mas não conseguimos. Temos que buscar nossa autorreforma íntima, isto é, nós é que temos que nos transformar e não ficarmos querendo mudar o outro.

— Essa mania de ficar tentando mudar o outro acaba gerando brigas e ressentimentos, muitas vezes desnecessários na vida do casal — disse Kai, sério.

— Isso mesmo, mestre, o ser humano tem que aprender a não criticar ou querer julgar o próximo. E lembrar-se da Regra de Ouro: "Fazer ao próximo o que você gostaria que fosse feito a si próprio".

Kai levantou-se e foi beber água. Voltou trazendo um copo de água para o doutor e lhe disse:

— Dr. Eck, tenho medo da figura fantasmática de minha mãe se interpor entre mim e Kristin e isso vir a estragar nosso relacionamento.

– Caro Kai, você tem a plena consciência dos problemas de sua mãe, assim como do ódio que nutre por ela. Portanto, meu caro, é só trabalhar o seu perdão, use a terapia do perdão, visite um asilo de mulheres idosas, exercite a compaixão e lembre-se que sua mãe já foi uma criança, que certamente passou por decepções terríveis que você nem imagina. Faça caridade em nome dela. Perdoando a senhora sua mãe, você não projetará mais a figura dela em outra mulher. A figura fantasmática perde sua força e a razão de existir.

– Mesmo assim eu fico preocupado com Kristin, doutor.

– Kristin é uma mulher de 35 anos, tem uma sólida formação moral e cultural, ela já sabe que a futura sogra é uma mulher complicadíssima e perigosa. Ela saberá como agir com a futura sogra. E se você escorregar nas "sombras" do subconsciente, minha filha conseguirá trazê-lo de volta "à superfície" do seu consciente, dizendo assim: "Kai, eu não sou sua mãe!"

Neste momento, Kristin chegou para convidá-los à refeição e os dois homens se entreolharam e deram gostosas gargalhadas, deixando-a muito curiosa.

Na mesa do almoço, todos conversavam bem humorados sobre o filme *Embalos de Sábado à Noite*, febre nos EUA, estrelado por John Travolta, que Kristin queria muito assistir no cinema de Bergkarmel.

Kai aproveitou para avisar ao Dr. Eck, com um tom de voz bem confiante:

– Hoje precisarei ir até Bergkarmel antes do cair da noite, por isso, vamos ter que terminar mais cedo o nosso trabalho.

Pai e filha, curiosos, porém discretos, não perguntaram a ele o motivo. Mas Kai sabia muito bem o que iria fazer em Bergkarmel.

26
PERDÃO E RECONCILIAÇÃO

> "Se, no mais profundo de nossos subconscientes, nos houvermos tornado capazes de remover até certo ponto os ressentimentos presentes em nossos sentimentos para com nossos pais, e os tivermos perdoado pelas frustrações que nos vimos obrigados a suportar, então haveremos de nos sentir em paz com nós mesmos e estaremos em condições de amar outras pessoas, no verdadeiro sentido da palavra."
> Do livro *Amor, Ódio e Reparação*, de Melanie Klein (1882-1961) e Joan Riviere (1883-1962)

Depois do almoço, de volta ao escritório, Kai solicitou ao Dr. Eck que falasse sobre uma questão que o incomodava – o perdão e a reconciliação.

– Dr. Eck, a reconciliação é realmente necessária para que o perdão seja verdadeiro? – perguntou Kai.

– Kai, o perdão e a reconciliação caminham juntos. No entanto, têm significados diferentes. A palavra perdão é a tradução da palavra grega *aphesis*, que por sua vez é derivada do verbo *aphiemi*, que significa jogar fora, mandar embora, soltar, libertar, liberar. A palavra perdão em latim *dimittere* tem significado semelhante: mandar embora, dispensar, soltar. A palavra perdão refere-se à culpa e significa uma ativa remissão e libertação da culpa, um libertar-se da culpa. Assim sendo, perdoar finalmente significa *desfazer-se de*. Por isso, a meu ver, a Terapia do Cólon é excelente, porque "ligamos" nosso ódio e culpas às fezes e ao acionarmos o botão da descarga do vaso sanitário, estamos simbolicamente nos desfazendo daquilo que não nos serve mais, ou seja, o lixo do sentimento — o ódio.

— É verdade doutor, agora entendo a mecânica desta técnica — disse alegre.

— Perfeito Kai, e a palavra *reconciliar* significa restabelecer a paz, apaziguar, aquietar, aplacar, oscular. Reconciliar traz em si uma grande variedade de tentativas de aproximação com o outro. A proximidade cresce com o diálogo ou com a troca de mensagens entre duas pessoas ou povos. Por meio do diálogo ou missivas é possível apaziguar um conflito e restabelecer a paz. Nas tradições que se perdem na poeira do tempo da raça humana, nós sabemos que a mais intensa forma de proximidade é o ósculo (beijo), que sela o entendimento com o outro. Além disso, a pessoa pode reconciliar-se consigo mesmo e beijar-se a si própria. Em latim, a palavra *reconciliare* significa restaurar, reunir, possibilitar um reencontro. Não existe a reconciliação sem o perdão efetivo.

— Então, a Terapia do Espelho é uma técnica importante para nos reconciliarmos com nós mesmos, afinal, como o senhor disse, a pessoa mais importante de minha vida sou eu mesmo... — Kai falou com entusiasmo.

– Exatamente, então, se compararmos o perdão a um "Pai" muito ponderado, sensato e extremamente inteligente, a reconciliação é a figura amorosa, duplamente maternal, diplomática e negociadora da "Avó".

– Bela analogia doutor, e na sua experiência clínica?

– Com quase meio século trabalhando com o ser humano, tenho observado que quando se fala no perdão, principalmente, aqui no Ocidente, as pessoas sofrem sob o jugo de uma educação e crenças religiosas severas, em que lhes foi dito que devem perdoar a todos que lhes causam sofrimento porque sentir ódio é visto como pecado e imoral e, com isso, a culpa encontra um campo fértil para sua proliferação. Muitas pessoas acreditam que para perdoar de verdade, precisam se esquecer das ofensas. Porém, nossa mente não consegue esquecer. Perdoar é se recusar a manter o ofensor como personagem principal da história de quem foi ofendido. Esquecer é impossível, a não ser que o indivíduo sofra uma lesão cerebral, que o leve à amnésia, que é perda parcial ou total da memória, de forma temporária ou permanente.

- Mas Dr. Eck – comentou Kai intrigado – eu não entendo porque as religiões enfatizam tanto que o perdão é o esquecimento das ofensas... Eu não consigo esquecer...

- Pois então, mestre Kai, o grande engano está no sentido da palavra "esquecer". Segundo os dicionários, "esquecer" tem vários significados, tais como: desistir de alguma coisa, abandonar, deixar passar, não pensar em..., perder a lembrança de algo, não ter consideração, desdenhar, deixar de lado, preterir. Dessa forma, o esquecimento das ofensas é deixar de lado o ofensor –

o objeto de seu ódio - e não perder a memória em relação a ele. Quanto às pessoas que não amamos ou que não são importantes para nossas vidas, conseguimos, com o passar do tempo, realmente deixar de lembrar as suas atitudes ofensivas. Mas, onde há amor e a decepção o transformou em ódio, o perdão se faz quando você desiste de julgar o outro e segue com a sua vida. Essa desistência é o esquecimento.

– Isso é muito importante de ser dito, Dr. Eck. Eu sempre me cobrei muito porque não consigo esquecer as ofensas que me fizeram. E, também, vejo como um tormento a forma como as religiões cristãs abordam a necessidade do perdão. Isso traz um sofrimento moral e pode levar a pessoa a sérios transtornos mentais.

– É verdade Kai e, para alguns, a exigência do perdão soa como se tivessem de reprimir seus sentimentos de descontentamento e raiva (ódio) contra as pessoas que os feriram e que não lhes resta outra coisa a não ser perdoá-las o mais depressa possível. Porém, ao agir desta forma, sentem-se culpados, pois em seu íntimo ainda percebem o ressentimento e a mágoa (ódio enrustido). Aí começam a sentir a vida paralisada, travada, "amarrada", a "roda da prosperidade" sem o movimento desejável, a saúde com altos e baixos, dores físicas inexplicáveis, sentem que a vida se assemelha a uma "cadeira de balanço" – vai e volta, melhora e piora. Sentem ainda que, se perdoarem o outro, o perdão não será nada mais do que uma formalidade exigida pela educação ou a religião professada, pois nas profundidades sombrias de seu subconsciente, existem outros sentimentos que impedem o perdão verdadeiro e reconfortador.

– Eu vejo Dr. Eck, também, que as pessoas percebem que de fato deveriam perdoar as decepções sofridas porque o passado continua sendo um fardo indesejável sobre seus ombros. Gostariam de se livrar deste fardo, mas não sabem como fazê-lo. Alguns não conseguem perdoar a si mesmos, quando são eles os culpados. Ficam remoendo a própria culpa, se autocriticam, se autocondenam e até se autoflagelam incessantemente por terem cometido o erro, ficando paralisados no tempo e espaço – disse Kai, refletindo.

– E assim caro Kai, como não conseguem se autoperdoar, também não conseguem perdoar aos outros e imaginam-se indignos do perdão Divino, como se Deus, o Ente Supremo ou simplesmente o Universo, pudesse ser atingido ou ferido por nós. E assim, pensam que Ele, nosso Pai Maior, não os aceitaria como somos, simplesmente humanos.

– Que beleza doutor, assim a reconciliação seria uma consequência natural?

– O ser humano anseia poder viver reconciliado consigo mesmo e também com os seus desafetos. Porém, sente-se incapaz de reconciliar-se com a sua própria história de vida e vivencia à sua volta, em seu meio familiar, uma gama, de conflitos, discórdias, ciúmes e invejas.

– E se imaginarmos os povos, as nações no contexto mundial? – perguntou Kai preocupado.

– Aí a coisa é séria Kai. Ao observarmos a situação sócio--política e econômica mundial vemos também que os povos de regiões em que existem conflitos ou guerra fratricidas não conseguem conviver em paz e em harmonia, mesmo depois de acordos de paz terem sido oficialmente celebrados e reconhecidos pela ONU.

– E por que isso ocorre doutor?

– Porque falta o perdão, por causa do orgulho. Em nossos dias a reconciliação é uma questão de sobrevivência política e, sobretudo, econômica. Sem reconciliação não haverá nenhum futuro para o nosso Planeta. A possibilidade de uma sociedade prosperar junto à outra, de viverem juntas, lado a lado, depende da disposição para a reconciliação dos grupos que estejam em conflito. E, se algum dia houver paz duradoura entre os povos, por exemplo, da África, se os povos islâmicos puderem conviver em harmonia com os judeus e cristãos, e até entre eles mesmos, respeitando-se mutuamente, tudo isto será conseguido em função de sua boa vontade para o perdão e reconciliação. Assim sendo, um dos lados, alguém terá que abrir mão do orgulho e perdoar.

– Dr. Eck, o maior questionamento dos últimos anos nesta década de 1970, é como dar fim ao terrorismo, esse câncer que está assolando nosso planeta. Debates e mais debates são promovidos para se entender como enfrentar este inimigo sem rosto, sem pátria, sem endereço, sem amor à própria vida, em que o fanatismo religioso ou ideológico suplanta o seu próprio instinto básico de sobrevivência.

– E o mais lamentável Kai, é que ódio gera ódio, violência gera mais violência, num contínuo desenrolar de tragédias, em que inocentes são sacrificados sem resultado algum.

– O senhor teria alguma sugestão para solucionar este grave problema, que imagino transcende a séculos, doutor?

– Eu penso Kai, que há uma solução que ainda não foi experimentada. As nações que se dizem cristãs deveriam vivenciar o exemplo do Cristo em suas atitudes e diplomacia.

– Como assim Dr. Eck, dê um exemplo – perguntou Kai curioso.

– Vejamos, por exemplo, as potências ocidentais, embora sejam cristãs, não conseguem enxergar que uma possível solução para o fim das agressões e hostilidades é bem simples e está impressa há quase dois mil anos no Evangelho, no Novo Testamento, que trazem em seus lares, templos e até debaixo de seus braços. Tudo o que Cristo ensinou não foi para ficar no papel ou na letra, foi para que fôssemos aplicando no cotidiano de cada um nós. E, hoje, os cristãos ocidentais são chamados a testemunhar sua fé, no sentido de testerem o que o Cristo ensinou: *Amai os vossos inimigos e fazei o bem àqueles que vos odeiam e orai por aqueles que vos perseguem e que vos caluniam; porque se não amais senão aqueles que vos amam, que recompensa com isso tereis?, Retribui o mal com o bem*, ou seja, perdoar aos agressores.

– Então Dr. Eck, é preciso uma mudança de estratégia: combater o orgulho e colocar o Cristo em suas atitudes – disse Kai sério.

– Correto Kai, devemos ver os chamados terroristas como seres humanos ludibriados por seus líderes, com um ódio que foi plantado em seus corações, nascidos e programados para matar e morrer em nome de uma religião ou seita. Devemos vê-los com os olhos da compaixão!

– Para reverter um quadro de ódio doutor, só o perdão. Porque todos os seres humanos são sensíveis ao amor! – disse Kai.

– Isso mesmo Kai e digo mais, para o ódio, o amor é o inimigo, mas para o verdadeiro amor, o ódio não é nada.

– Quanta verdade nessa frase, Dr. Eck: para o ódio, o amor é o inimigo, mas para o verdadeiro amor, o ódio não é nada...

– Da mesma forma que para o mal, o bem é o inimigo, mas para o verdadeiro bem, o mal não é nada – completou Dr. Eck.

– E falando em perdão entre os povos, como isso poderia ser efetivado?

– Há uma solução ainda não tentada, mas que poderia surtir um efeito global totalmente inesperado e positivo: as nações atingidas, ao invés de utilizarem ações militares ou retaliações econômicas para vingar as vidas inocentes, ceifadas em nome do terror, poderiam levar aos povos dos países patrocinadores do terrorismo, em geral, muito pobres, os benefícios econômicos e sociais que erradiquem a fome, as doenças e a miséria, tal como foi feito com o Japão e com a Alemanha, após a Segunda Guerra Mundial. Por exemplo, ao invés de enviar tropas em ações militares nas invasões aos países suspeitos, enviariam médicos, enfermeiros, medicamentos, alimentos, além de professores para alfabetizar as crianças em suas línguas nativas.

– Incrível Dr. Eck, seria uma atitude inusitada, uma nação devolver com benefícios o mal recebido. Isso deixaria os agressores "sem chão", ou seja, completamente sem graça.

– Seria uma atitude verdadeiramente heroica e cristã, da parte dos que sofreram a agressão. Seria uma forma de desmontar a "espinha dorsal" daqueles que planejam o terrorismo. Assim, os patrocinadores do terror perderiam seus argumentos e teriam suas bases e células de apoio enfraquecidas, pois o seu povo iria perceber que o que para eles representava o Mal é, na verdade, o caminho para uma vida de paz, saúde e um crescimento socioeconômico bem mais sustentável. O que proponho, em tese, Kai, não é mudar a religião ou interferir na cultura destes povos beligerantes, e sim, aplicar a eles a Regra de Ouro...

– *Fazer aos outros o que gostaríamos que fosse feito a nós mesmos.* – disse Kai, completando o raciocínio do médico. E falou:

– Concordo com senhor Dr. Eck, se os governos já experimentaram todos os caminhos conhecidos, da diplomacia e da violência para conter o terrorismo e todos eles foram apenas combustíveis para alimentar a "fogueira do ódio", por que não experimentar, então, a simplicidade do perdão, infinitamente mais barato e simples, do que os gastos com ações militares?

– Sinceramente não sei, Kai, mas digo a você, que se as nações, que se dizem religiosas seguissem o seu Deus e o seu livro sagrado, nas letras e nas ações, hoje o nosso Planeta seria um paraíso. Portanto meu caro, vamos torcer para que cada ser humano deixe expressar a Divindade que há dentro de si e perceba que para as trevas, só a luz; para o ódio, só o amor; para o orgulho, só a humildade e para a vingança, o perdão.

– Que maravilha Dr. Eck, então o perdão com a reconciliação não é apenas um postulado religioso, mas uma condição necessária e urgente para a paz e o progresso sustentável na seara social, política e econômica de nosso Planeta?

– Exatamente Kai, e é por isso que sempre digo aos meus clientes e amigos: Perdoar é abrir mão da esperança de que o passado poderia ter sido diferente. Realmente não tem como mexer no passado, temos que viver o presente, o aqui e agora, e seguir em frente.

– Ainda bem que eu estou gravando tudo, é muita informação em tão pouco tempo. Mas doutor, tem alguma forma mais racional para entendermos a mecânica do perdão?

– Bem, então vou tentar criando um paradoxo. Como eu disse a você nestes dias que estamos juntos, que amor e ódio andam juntos, são faces da mesma moeda, isto significa que se uma pessoa odeia alguém é porque na verdade ainda o ama, logo, podemos dizer que o ato de perdoar é o ato de *desamar*. Ou seja, desapegar-se do amor doentio. Portanto, perdoemos – amemos menos – *desamemos* aquele que é objeto do nosso ódio. Só assim nos sentiremos livres para amar verdadeira e saudavelmente.

– Ótimo, Dr. Eck, assim ao perdoar, amamos menos e deixamos de dar importância a quem nos fez sofrer e nos decepcionou.

– Perfeito Kai, mas lembre-se que há no mundo uma pessoa que você pode e deve amar bastante e nutritivamente e que nunca o decepcionará ou o deixará na mão – você mesmo – a pessoa mais importante de sua existência!

– Meu Deus!!! Agora eu vejo que a vida na Terra é mesmo uma grande escola.

– E nessa escola, meu caro, há séculos e séculos, vivemos na algazarra como maus alunos. Perdemos tempo e adquirimos dívidas pelo não cumprimento de nossas obrigações.

– Então doutor, agora é o tempo de aprendermos e aproveitarmos esta escola chamada Vida, que Deus nos proporcionou.

– Isto mesmo Kai, e a maior lição desta vida chama-se perdão. Palavra pequena que encerra uma multiplicidade de sentimentos e atitudes. Somente teremos o título de Bacharéis da Vida, quando formos capazes de agradecer a mão que nos fere hoje pela oportunidade que nos oferta de quitarmos um débito do passado. Somente poderemos adquirir o título de Mestres da Vida, quando acolhermos aos que nos prejudicam nesta vida como irmãos do caminho e os abençoarmos e amarmos sem limites ou cobranças. E nosso Doutorado na Vida só virá quando não mais sentirmos qualquer ofensa, porque aí, então, seremos Doutores em Amor e Humildade – tudo o que o Divino Mestre Jesus nos ensinou.

– Excelente Dr. Eck, vejo agora que nós – profissionais da saúde física e mental – não podemos jamais dissociar a Ciência do Evangelho do Cristo – um completa o outro. Que maravilha doutor!

– E para isso Kai, temos que nos manter sempre vigilantes e atentos contra os nossos maiores e verdadeiros inimigos: o orgulho, o egoísmo e a velha e tola vaidade.

– Mais alguma observação, Dr. Eck?

– Guarde bem, mestre Kai: quando nutrimos o equilíbrio e a boa convivência destes dois sentimentos irmãos – amor e ódio –, mantemos nosso corpo saudável e harmônico. Quando nos deixamos levar pelo exagero, tanto no amor quanto no ódio, nosso corpo físico se ressente e busca, de forma inconsciente, através das doenças, uma maneira de nos chamar atenção para que retornemos ao nosso equilíbrio esquecido.

- Dr. Eck, mas pode existir exagero no amor verdadeiro, como assim?

- Claro que sim, mestre Kai. É o que eu chamo de amor imaturo, amor doentio ou apego. Na verdade, tudo que foge do equilíbrio não é saudável. E você sabe, o equilíbrio é uma lei do Universo, tudo tende ao equilíbrio. A pessoa que ama com exagero não consegue enxergar os defeitos do objeto do seu amor e, com isso, pode vir a se envolver em relacionamentos extremamente tóxicos para sua vida, trazendo como consequência a decepção. E assim, quem ama exageradamente, diante da desilusão pode vir a odiar também de forma exagerada, causando em si próprio sérios transtornos psíquicos e físicos.

Um barulho vindo da cozinha os interrompeu, e Kristin entrou trazendo uma reluzente bandeja com dois copos e uma garrafa de *becherovka*, licor forte feito à base de ervas, bebida típica Tcheca, muito apreciada na Áustria.

Dr. Eck a colocou no copo pela metade e a bebeu de um gole. Kai já preferiu ir saboreando aos poucos o licor.

O psiquiatra, com o rosto afogueado, disse:

– Ao sentir a bebida subir em minha cabeça, lembrei-me de um último caso que quero lhe relatar, mestre Kai, da Síndrome da Culpa Existencial.

– Síndrome da culpa existencial? Mas o que vem a ser isso doutor? – perguntou Kai admirado.

27
SÍNDROME DA CULPA EXISTENCIAL

"A principal e mais grave punição para quem cometeu uma culpa está em sentir-se culpado." Sêneca (4 a.C.-65 d.C.) filósofo romano

Depois de degustarem o saboroso licor, Kristin se retirou e Dr. Eck respondeu:

— Síndrome da Culpa Existencial, mestre Kai, é um termo que idealizei quando, na cidade tibetana de Lhassa, em 1950, atendi uma mulher chamada Amrita, que tinha uma necessidade patológica de querer salvar alcoólatras do seu vício. Assim, sempre se envolveu em relacionamentos complicados, com homens que bebiam demais. Tinha compulsão por querer tirar os companheiros da dependência do álcool.

— O pai ou mãe eram alcoólatras, doutor? — perguntou Kai.

— Este era um ponto que me deixava intrigado. O pai de Amrita era um homem bom, honesto, trabalhador, sem vícios, uma pessoa benquista na comunidade local. Sua mãe, uma mulher comum como tantas outras, também sem vício algum.

– O senhor pesquisou a parentela, doutor?

– Sim, pesquisei parentes e os avós e nada encontrei que pudesse ter gerado um ódio, uma culpa de forma bem inconsciente. Intrigado, procurei o mestre Ang Ki e narrei o caso. Ang Ki com sua gentileza e bondade me disse: "Meu filho, o caso dessa mulher é um remorso muito grande que ela traz de uma existência anterior a esta, em que, por maldade e por extrema vaidade, brincava com os sentimentos de homens fracos, fazendo com que eles se afundassem no alcoolismo ou no ópio destrutivo, levando-os à loucura e ao suicídio."

– Que dramático doutor, mas tem uma lógica perfeita – disse Kai, admirado.

– Correto, Kai e, neste momento, entendi o comportamento aparentemente inexplicável e neurótico de Amrita, que denominei como Síndrome da Culpa Existencial.

– E como o senhor a tratou?

– Kai, a reencarnação para o povo tibetano não tem nada de extraordinário. Portanto, apenas a esclareci e a conscientizei quanto ao seu comportamento inadequado da passada existência, e disse a ela que passado é passado, não existe mais, e não devemos viver o passado e, sim, o presente, que é real, e com vistas ao futuro que nos aguarda. E que ela não precisava mais namorar dependentes do álcool para tentar salvá-los. Ensinei a ela a técnica do perdão, para praticar em relação a si própria. E sugeri também, para que ela se inscrevesse como voluntária no hospital da cidade, para servir como auxiliar de enfermagem, na ala dos dependentes químicos.

– Que beleza, Dr. Eck! É interessante quando a conscientização se faz – a pessoa amadurece e se livra dos padrões destrutivos.

– Exato. Ela entendeu, se autoperdoou e acabou por "devolver" o namorado alcoólatra para a mãe dele.

– Produto com defeito, devolvemos para "fábrica"! – disse Kai rindo alegremente, no que o Dr. Eck fez o mesmo.

Ao ouvir tantos risos, Kristin voltou ao escritório para ver do que se tratava, e disse com alegria:

– Devem ser os vapores do licor fazendo efeito, acho que está na hora de vocês tomarem um café bem forte.

O telefone tocou e Kristin se surpreendeu porque do outro da linha era Astrid, sua aluna que fora atendida por Kai, dias atrás. Ela pediu para conversar com Kai, e Kristin o chamou para atendê-la.

Com tom voz alegre e confiante, Astrid disse a Kai que estava se sentindo muito melhor depois daquela conversa, e que fazia os exercícios do perdão todos os dias. Ela contou, animada, que até sua pele parecia com um aspecto melhor. Então Kai, profundamente agradecido pelo retorno dado por Astrid, sugeriu que ela criasse em sua comunidade um grupo de apoio aos doentes psoríticos, em que se discutissem técnicas, tratamentos, qualidade de vida e também a questão do amor e do ódio junto à terapia do perdão. Enfim, assuntos pertinentes à psoríase, com cada membro do grupo trocando suas experiências na convivência com este mal crônico e psicossomático. Ela gostou da sugestão e, mais uma vez, agradeceu a Kai pela sua gentileza.

Kai retornou ao escritório, satisfeito, e os três tomaram juntos o café preparado por Guilherme.

Dr. Eck, levantando-se, disse a Kai:

– Mestre Kai, acredito que tudo o que você precisava aprender sobre o meu trabalho já foi relatado nesses seis dias. Como sei que sua viagem de volta para Klareswasser está marcada para amanhã, sugiro que você e Kristin aproveitem esse resto de dia para ficarem juntos. Sei que vocês têm muito que conversar.

– Obrigada, papai – disse Kristin, beijando Dr. Eck, em sua face.

Kai também agradeceu ao Dr. Eck e, apressado, voltou-se para Kristin e disse:

– Kristin, desculpe-me, mas como eu lhe disse, preciso dar uma saída agora, mas prometo que volto para o jantar.

28
SONHOS DE AMOR

"A vida nos ensinou que o amor não consiste em olhar um para o outro, mas em olhar juntos para fora na mesma direção."
Antoine de Saint-Exupéry (1900-1944) escritor francês

Kai chegou em Bergkarmel, preocupado porque, por ser sábado, poucas lojas estariam abertas naquele horário. Porém, Guilherme, sabendo de seu segredo, ligou para seu irmão, que era um hábil ourives, e pediu que ele esperasse pela visita de Kai.

Ao chegar à ourivesaria indicada, Kai se apresentou e comprou de Gustav, o irmão de Guilherme, duas alianças de noivado, gravadas com seu nome e o de Kristin. O comerciante, que já conhecia as medidas dos dedos de Kristin, após a gravação dos nomes, acondicionou as duas alianças numa caixinha de veludo. Ansioso, Kai pagou e agradeceu a gentileza do simpático ourives.

E voltou ligeiro para a Montanha Azul.

Chegando à casa do Dr. Barth, subiu para os seus aposentos e tomou um reconfortante banho.

Enquanto enxugava seu corpo, Kai pensava: "Estes dias foram para mim os mais importantes de minha existência. Tenho certeza de que eles representam o começo de uma nova etapa em minha vida." Afinal, ele encontrara uma mulher maravilhosa que preenchia seus mais secretos sonhos de amor, e conhecera um homem extraordinário que, pela sua humildade e sabedoria, o cativara como um pai que sonhara ter. Kai sentia no fundo de seu ser que estes momentos foram um reencontro de almas que estavam separadas, mas que Deus, em sua infinita misericórdia, os reaproximou. E assim, novamente juntos, poderiam realizar uma grande tarefa para o bem dos homens.

Kai, relaxado e distraído sobre a cama, quase adormecera quando Kristin bateu à porta e o chamou para a ceia.

Ele agradeceu e pulou da cama com alegria juvenil, vestiu uma roupa elegante e perfumou-se com um gostoso *Azzaro*, perfume francês lançado no mercado naquele ano, que ele comprara numa perfumaria chique de Viena.

Chegando à sala de refeições, todos os olhares se voltaram para Kai, com admiração especial de Kristin, que adorou a nova fragrância e disse, arrebatada:

– Kai você está tão misterioso, elegante, perfumado, não é papai?

– É verdade, sinto que Kai quer nos comunicar algo importante – disse Dr. Eck, com um olhar de malícia.

E Kai, num tom solene e compenetrado, virou-se para o médico e falou:

– Dr. Eck, eu quero lhe pedir a mão de Kristin em casamento.

Dr. Eck sorriu, e neste momento Kristin se aproximou de Kai e deu um discreto beijo em sua face. Kai colocou a aliança no anular direito de Kristin e ela fez o mesmo.

Assim, felizes e unidos, essas três almas que se reencontraram naquela esplêndida localidade do sul da Áustria, comemoraram e planejaram suas vidas daquele dia em diante.

Naquela noite, ficou acertado entre os três que Kai voltaria no dia seguinte para Klareswasser, pois tinha trabalho marcado com seus clientes. Ele precisava colocar sua vida em dia.

Porém, antes de partir, muitas decisões foram tomadas: o casamento de Kai e Kristin ficou marcado para 4 de julho daquele ano de 1978 e, por sugestão do próprio Dr. Barth, eles iriam morar em uma propriedade dele, em Klagenfurt, capital do estado de Kärnten (Carinthia), distante apenas cem quilômetros de Bergkarmel, onde Kai montaria a sua clínica e Kristin a sua escola de piano. A cidade, com mais de noventa mil habitantes, contava com uma universidade e um aeroporto internacional e ficou combinado entre eles que passariam todos os finais de semana com o Dr. Eck Barth.

Após a sobremesa, Dr. Eck parabenizou os noivos e foi para seus aposentos.

Kai e Kristin ficaram namorando na sala, ao calor da lareira, entre beijos e abraços, como se já se conhecessem há séculos.

Por volta das onze da noite, despediram-se, com muita dificuldade, e cada um foi para o seu quarto.

Eram quase duas horas da manhã e Kai ainda não havia conseguido conciliar o sono – felicidade, desejo e planos tomavam conta de seus pensamentos.

Decidiu levantar-se e ir beber água. Saiu de seu quarto, seguindo pelo corredor, passou por vários aposentos iluminados pela luz prateada do majestoso luar alpino. Entrou na cozinha, quando escutou um leve farfalhar de passos junto à porta. Virou-se e viu Kristin, belíssima, vestida com um penhoar azul e vaporoso.

Na contraluz, Kai olhou para Kristin e, num impulso juvenil, dirigiu-se a ela, pegou suas mãos, beijando-as com carinho e, num átimo, impelido por um forte desejo, enlaçou-a pela cintura e beijou seus lábios.

Kristin sentiu agradável surpresa, tentou resistir por alguns segundos, mas, com amor e paixão, decidiu entregar-se ao homem que há tempos aguardava.

Os dois se abraçaram, beijaram-se e, trancados no quarto de Kristin, se amaram como nunca o fizeram antes de se conhecerem.

Assim, terminou essa noite, com muitas estrelas e fogos de artifício explodindo em suas retinas mentais.

POSFÁCIO

As relações humanas são preciosas oportunidades de aprendizado, principalmente no campo dos sentimentos. Desde a infância somos dependentes do "sentir", em suas inúmeras apresentações. O seio de amor da mãe, o abraço do pai herói, as excitantes brincadeiras com os irmãos e amigos... E lá está nosso coração, como um jardim pronto para florescer as mais belas rosas, infelizmente sempre acompanhadas de espinhos.

É neste contexto de coloridas pétalas e dolorosas alfinetadas que cultivamos o amor e o ódio, sentimentos naturais ao grau de nossa atual evolução espiritual. Em minha experiência pessoal, como médico especialista em tratamento de câncer, tive a oportunidade de observar, empiricamente, vários casos de pacientes que relatavam estar doentes devido a ódio, mágoa e rancor que carregavam em seu interior há tempos, como um veneno a intoxicá-los gradualmente.

Acredito que a medicina ainda não está pronta para descrever os mecanismos com que o estado psicoemocional é capaz de originar uma célula maligna, descontrolada e capaz de resultar na perda da vida corporal. Entretanto, a ciência caminha nesse sentido e assim como a maioria das pessoas que busca a felicidade já se conscientizou da importância de estar em paz e equilíbrio, em breve também a humanidade vai constatar que desfazer-se dos sentimentos ruins é também livrar-se de poderosos patógenos do corpo físico.

Esta obra é uma verdadeira orquestra a tocar no coração de cada leitor, onde o mesmo encontrará o doce som de vários instrumentos para compor a mais bela e libertadora música do seu próprio perdão. Que a leitura deste livro possa ter inspirado e reforçado a decisão firme, de cada leitor, por perdoar e, por mais estranho que possa parecer, meus parabéns a todos que aceitam seu imenso ódio, pois assim estarão vislumbrando realmente a magnífica grandeza do amor que são capazes de sentir.

Encerrando, compartilho aqui um pensamento do grande médium brasileiro Francisco Cândido Xavier: *"No meu ponto de vista, a virtude mais difícil de ser posta em prática é a do perdão: perdoar exige um esforço de autossuperação muito grande. Emmanuel me diz que quem aprende a perdoar tem caminho livre pela frente. Creio que, por este motivo, a derradeira lição de Jesus para a Humanidade foi a do perdão!... Ele a deixou por último, esperando o momento em que pudesse exemplificá-la... É claro que Ele se referia ao perdão em diversas oportunidades, mas, na hora da cruz, padecendo toda espécie de humilhação, o ensinamento do perdão foi gravado a fogo na consciência da Humanidade...Ninguém sofreu e perdoou como Ele!... O Espírito que adquirir a virtude do perdão não achará dificuldade em mais nada; haja o que houver, aconteça o que acontecer, ele saberá administrar a sua vida."*

Vitor Carvalho Lara

Médico especialista em Radio-Oncologia

Pós-graduado pelo Instituto de Ensino e Pesquisa do Hospital Sírio Libanês – São Paulo/SP

Coordenador do Serviço de Radio-Oncologia da Universidade Federal do Triângulo Mineiro – Uberaba/MG

Membro do corpo clínico do Centro de Radioterapia do Hospital Dr. Hélio Angotti – Uberaba/MG

este livro foi impresso na tipologia Bembo St. 12p.
em papel pólen 70g
para a Barany Editora